C.H.BECK WISSEN

Der Deutsch-Französische Krieg und die Reichsgründung jähren sich 2020/21 zum 150. Mal. Anders als beim 100. Jahrestag ist die Erinnerung an diese Ereignisse heute weitgehend verblasst. Dabei haben sie die Geschichte Deutschlands und Europas im 19. und 20. Jahrhundert in entscheidender Weise geprägt. 1870/71 entstand endlich der von der Nationalbewegung schon seit 1815/48 geforderte einheitliche Nationalstaat. Doch war der Weg dorthin durch Enttäuschungen und Rückschläge gekennzeichnet. Nach dem Scheitern einer Reichsgründung «von unten» machte sich Preußens Ministerpräsident Otto v. Bismarck die Ziele der Nationalbewegung insoweit zu eigen, als sie der Vergrößerung der Macht Preußens dienlich waren. Im Zuge dreier Kriege bereitete Bismarck den Weg zur Reichsgründung – durchaus im Einvernehmen mit großen Teilen der Nationalbewegung. Michael Epkenhans zeichnet diesen Weg nach, zeigt dabei die jeweiligen Motive und Ziele Bismarcks sowie der Nationalbewegung auf und ordnet das Geschehen in die deutsche und europäische Geschichte ein. Zugleich lotet er aus, inwieweit die Form der Reichsgründung «von oben» eine dauerhafte Belastung für die Entwicklung im Innern, aber auch nach außen war.

Prof. Dr. Michael Epkenhans, geb. 1955, ist Geschäftsführender Beamter und Leitender Wissenschaftler im Zentrum für Militärgeschichte und Sozialwissenschaften der Bundeswehr in Potsdam.

Michael Epkenhans

DIE REICHSGRÜNDUNG 1870/71

C.H.Beck

Originalausgabe

www.chbeck.de
Reihengestaltung Umschlag: Uwe Göbel (Original 1995, mit Logo),
Marion Blomeyer (Überarbeitung 2018)
Umschlagabbildung: «Die Proklamierung des Deutschen Kaiserreichs»,
Gemälde von Anton von Werner, 1885 (Ausschnitt) © akg-images
Satz: C.H.Beck.Media.Solutions, Nördlingen
Druck und Bindung: Druckerei C.H.Beck, Nördlingen
Printed in Germany
ISBN 978 3 406 75032 8

myclimate

klimaneutral produziert
www.chbeck.de/nachhaltig

Inhalt

1 Der 18. Januar 1871 – Ein Traum wird wahr

Der 18. Januar 1871, ein Mittwoch, war nach tagelangem Nebel ein sonniger Tag, richtiges «Kaiserwetter». Nach langem Hin und Her sollte an diesem Tag das Deutsche Reich endlich aus der Taufe gehoben werden. Verfassungsrechtlich gab es dieses bereits seit dem 1. Januar. Doch nicht nur das Wetter spielte mit: Pünktlich zur Zeremonie war bekannt geworden, dass eine der noch kämpfenden französischen Armeen eine schwere Niederlage erlitten hatte und im Abzug begriffen war.

Ort der Zeremonie war das prachtvolle Schloss des «Sonnenkönigs», Ludwigs XIV., in Versailles. Entgegen mancher Legende war das Schloss, in dem der preußische König Wilhelm I. seit Oktober sein Hauptquartier aufgeschlagen hatte, eher zufällig ausgewählt worden. Da der Krieg noch andauerte – die Beschießung von Paris hatte gerade begonnen –, schien eine Zeremonie in Berlin, fernab vom militärischen Geschehen, nicht opportun; auch das Datum, der Jahrestag der Krönung Friedrichs I. zum König in Preußen 1701, war Zufall. Bereits aus der Sicht der Zeitgenossen hatte beides dennoch eine ungeheure symbolische Bedeutung: «Wer konnte sich damals träumen lassen, als Friedrich I. die Königskrone von Österreich erbettelte und erkaufte, dass sein Nachkomme die Österreich vom Haupt gefallene Kaiserkrone sich aufs Haupt setzen würde, und im Schloss von Versailles nach Niederwerfung des stolzen Frankreich an der Spitze seines Heeres, wie es Ludwig XIV. nie gesehen, mit all seinen stolzen Marschällen und siegreichen Führern», notierte ein preußischer Diplomat voller Stolz.

Das ganze Zeremoniell war bis zuletzt Gegenstand heftiger Diskussionen gewesen. Wilhelm I. war nicht bereit gewesen, sich mit seinem neuen Titel «Deutscher Kaiser», so wie ihn die Verfassung mit Rücksicht auf bayerische Vorbehalte vorsah, abzufinden. «Kaiser von Deutschland», wenn überhaupt, wollte er sein, nicht aber ein einfacher «Charakter-Major», wie er in heftigen Auseinandersetzungen mit Bismarck deutlich machte. Auch einen Thron oder ein überhöhtes Podest hatte er abgelehnt. Allein die Reichsfarben, die im Wesentlichen die preußischen Farben schwarz und weiß, ergänzt durch das Rot der Hansestädte, beinhalteten, hatte er ohne Bedenken akzeptiert, da «selbige nicht wie die schwarzrotgoldene aus dem Straßenschmutz erstiegen wäre». Auch dies war, wie so manch anderes Detail, eine unmissverständliche Aussage über den politischen Charakter des zukünftigen Reiches.

Doch so sehr Wilhelm I. sich auch innerlich sträubte; verzögern oder gar verhindern konnte er die Zeremonie nicht. Diese glich in mancherlei Hinsicht mittelalterlichen Kaiserwahlen. Wie zu Zeiten Karls IV. oder anderer Kaiser hatten Fürsten und ihre Heere sich versammelt, um einen der Ihren, so Kronprinz Friedrich Wilhelm, auf den «Schild» zu heben, um ihn vor den Getreuen öffentlich sichtbar zum Kaiser zu proklamieren. Allen Mannschaften war frei gegeben worden, um das Schauspiel vor dem Schloss zu beobachten, es sei denn, sie standen auf den Zufahrtswegen Spalier. Das geschäftige Treiben von «Kriegsfuhrwerk, Proviantladungen und Viehzutrieb» sowie das Treiben auf dem Versailler Wochenmarkt unterschieden die Zeremonie äußerlich dann aber doch von der feierlichen Zeremonie genau zehn Jahre zuvor in Königsberg, bei der Wilhelm I. nach dem Tod seines Bruders zum preußischen König gekrönt worden war. Im Spiegelsaal selbst, der eigentlich als Lazarett diente, hatten sich 1400 Menschen versammelt: Fürsten, Generale, Offiziere und Unteroffiziere, Diplomaten und Angehörige des Hofes standen im Saal verteilt. Blutgetränkte Fahnen erinnerten an die Kämpfe und soldatisches Heldentum. Die Zeremonie selbst begann mit einem Gottesdienst. In einer schwülstigen Rede ließ der Hofprediger Bernhard Rogge noch einmal den Verlauf des Krieges Revue passieren; zugleich betonte er die großen Erfolge und die besondere Rolle der preußischen Könige als Werkzeug Gottes, bevor er auf das eigentliche Thema, die Reichsgründung, kam: «Was unsere Väter in der Erhebung der Befreiungskämpfe vergeblich sich ersehnt haben, wofür die deutsche Jugend in edler Begeisterung geschwärmt, was die Sänger jener Tage in immer neuen Weisen umsonst gesungen, was die Lieder und Sagen unseres Volkes nur als einen fernen Traum uns verkündet haben: wir sehen es heute zur Wirklichkeit geworden, sehen das Deutsche Reich wieder auferstanden in alter Herrlichkeit, ja in einer Macht und Größe, die es vielleicht nie zuvor besessen hat, sehen dem Deutschen Reiche seinen Kaiser wiedergegeben und dürfen als solchen einen König begrüßen, dessen greises Haar mit frischen Lorbeerkränzen geschmückt ist, in denen wir die ruhmvollsten Zeiten der deutschen Vergangenheit erneut, ja übertroffen sehen.»

Nach dem berühmten Choral nach der Schlacht bei Leuthen 1757, «Nun danket alle Gott», der seitdem den Willen zum Sieg symbolisierte, nahm das weltliche Zeremoniell seinen Verlauf. Wilhelm I. wandte sich zunächst den Fürsten auf einem eigens aufgestellten Podest zu und erklärte: «Dem deutschen Volke gebe ich Meinen Entschluss durch eine heute von Mir erlassene Proklamation kund.» Diese verlas Bismarck dann: «Wir [...] bekunden hiermit, dass Wir es als eine Pflicht gegen das gemeinsame Vaterland betrachtet haben, diesem Rufe der verbündeten deutschen Fürsten und Städte Folge zu leisten und die Deutsche Kaiserwürde anzunehmen», hieß es darin zu Beginn. Vom Volk war hingegen keine Rede. Deutlicher konnte man daher den Charakter der Reichsgründung von oben kaum formulieren. Darüber hinaus versprach Wilhelm I., sich für Frieden, nationale Wohlfahrt, Freiheit und Gesittung einzusetzen.

Dann erfolgte die eigentliche Proklamation. Nach einem Moment der Stille – die Unsicherheit über das, was geschehen würde, war angesichts der Auseinandersetzungen zwischen Wilhelm I. und Bismarck über die Titelfrage immer noch groß – riss Friedrich Großherzog von Baden einen Arm hoch und rief: «Seine Kaiserliche und Königliche Majestät, Kaiser Wilhelm, lebe hoch! Hoch! Hoch!» Das Reich, das es seit dem 1. Januar rechtlich bereits gab, hatte endlich seinen Kaiser. All die Querelen um den Titel waren mit dieser Formel zugleich geschickt umschifft worden.

Der damals junge Maler Anton v. Werner, den Kronprinz

Friedrich Wilhelm eigens herbeigerufen hatte, um die Szene für die Nachwelt auf Leinwand festzuhalten, vermittelte in drei verschiedenen Versionen, von denen aber nur eine erhalten ist, den Eindruck eines feierlichen Ereignisses. Mit Orden geschmückte Fürsten, Generale und Offiziere in ihren Uniformen prägen das Bild, im Hintergrund stehen Soldaten Spalier. In seinen *Lebenserinnerungen* bezeichnete er diese Szene jedoch als prunklos und unangemessen kurz. Damit stand er nicht allein, wie zahlreiche andere Zeugnisse belegen. Doch für manche war dieses Ereignis *das* prägende Erlebnis ihres Lebens. Paul v. Hindenburg, damals junger Leutnant, gehörte zu diesen. Er war unendlich «dankbar», dass er «den großen geschichtlichen Augenblick hatte miterleben» und seinem nunmehrigen Kaiser «zujubeln» hatte dürfen.

Und der Kaiser? «Ich kann Dir nicht sagen», schrieb er am Abend an seine Frau, «in welcher morosen Emotion ich in diesen letzten Tagen war, teils wegen der hohen Verantwortung, die ich nun zu übernehmen habe, teils und vor allem über den Schmerz, den preußischen Titel verdrängt zu sehen!»

Genauso groß wie sein Schmerz über das Ende des «alten» Preußen war, so groß war aber auch der Schmerz manch anderer Fürsten und ihrer Gefolgsmänner über den Beginn einer neuen Zeit. Am deutlichsten brachte dies der Bruder des bayerischen Königs, Prinz Otto, nach der Zeremonie zum Ausdruck: «Ach, Ludwig, ich kann Dir gar nicht beschreiben, wie unendlich weh und schmerzlich es mir während jener Zeremonie zumute war, wie sich jede Phase in meinem Innern sträubte und empörte gegen all das, was ich mit ansah. […] Welchen wehmütigen Eindruck machte es mir, unsere Bayern sich da vor dem Kaiser neigen zu sehen; ich war eben von Kindheit an so was nicht gewöhnt; mein Herz wollte zerspringen. Alles so kalt, so stolz, so glänzend, so prunkend und großtuerisch und herzlos und leer.»

Die Kaiserproklamation ist, nicht zuletzt wegen der Werner'schen «Reichsgründungsgemälde» und der Schilderungen zahlreicher Zeitgenossen in ihren Briefen und Tagebüchern, im kollektiven Gedächtnis haften geblieben. Sie gilt bis heute allein durch die Abbildung von Werners «Friedrichsruher Fassung» aus dem Jahre 1885 in vielen Werken über das «Kaiserreich» als programmatischer Ausdruck einer «Reichsgründung von oben» und nicht von «unten». Dabei hat es den Versuch dazu tatsächlich auch gegeben. Aber im Bewusstsein der Zeitgenossen wie auch späterer Generationen war dieser dann doch zu unbedeutend. Kaum ein Geschichtsbuch behandelt daher dieses Ereignis, und auch in den meisten Gesamtdarstellungen wird es, falls überhaupt, allenfalls am Rande erwähnt.

Gleichwohl, am 10. Dezember 1870 hatte der Reichstag des Norddeutschen Bundes mit großer Mehrheit eine Adresse an Wilhelm I. angenommen. Allein die sechs sozialistischen Abgeordneten um August Bebel, Wilhelm Liebknecht und Johann Baptist Schweitzer hatten mit Nein gestimmt. In dieser Adresse hieß es: «Dank den Siegen, zu denen Ew. Majestät die Heere Deutschlands in treuer Waffengenossenschaft geführt hat, sieht die Nation der dauernden Einigung entgegen. Vereint mit den Fürsten Deutschlands naht der Norddeutsche Reichstag mit der Bitte, dass es Ew. Majestät gefallen möge, durch Annahme der deutschen Kaiserkrone das Einigungswerk zu weihen.» Das klang unterwürfig; aber allein der Hinweis auf die «Fürsten» und den «Reichstag» machte deutlich, dass sich das Parlament als gleichberechtigte Institution betrachtete. Nach dem Losverfahren ausgewählt, waren anschließend zehn nationalliberale, sechs freikonservative und sechs konservative sowie einige bundesstaatlich-konstitutionelle bzw. fraktionslose Abgeordnete nach Versailles gereist, um die Adresse feierlich zu übergeben.

Die Hoffnungen der Abgeordneten sollten jedoch enttäuscht werden. Verantwortlich dafür waren nicht allein die lange Bahnfahrt durch feindliches Gebiet oder das trübe, regnerische Wetter. Entscheidend für das Gefühl der Enttäuschung war vielmehr, dass Wilhelm I. das Symbolische dieses Aktes widerstrebte. Es erinnerte ihn viel zu sehr an jene Deputation, die im April 1849 seinem Bruder, Friedrich Wilhelm IV., die deutsche Kaiserkrone angetragen hatte. Die Parallelen reichten bis hin zu der Person des Anführers der Delegation, Eduard Simson. Er hatte Friedrich Wilhelm IV. das Schreiben des Paulskirchen-

Parlaments überreicht. Hinter dieser Symbolik stand ein grundsätzlich anderes Verständnis von der Rolle des Herrschers. Dieser war eben nicht mehr von Gottes Gnaden, sondern der wirkliche Souverän war das Volk. Diese Intention verfolgten auch die Abgeordneten. Der Krone sollte durch die Adresse des Reichstages «der populäre Ursprung aufgedrückt» werden, so einer der führenden Nationalliberalen, der Süddeutsche Eduard Lasker. Dass Simson in der Uniform eines Reserveoffiziers der Landwehr erschien, war ebenfalls Programm. Die Landwehr war schließlich Ausdruck des «Volks in Waffen» und damit der Gegenentwurf zur Armee des Königs.

Wilhelm I., Bismarck und der Hof hatten die Symbolik dieses Ereignisses sehr wohl erkannt. Nach Zustimmung der übrigen Fürsten und der Hansestädte empfing er die angereisten Abgeordneten am 18. Dezember 1870 in der Präfektur von Versailles, nicht im Schloss. Das genaue Zeremoniell war vorher mühsam ausgehandelt worden. Simson bedankte sich für den Empfang und für die Zusicherung an die Nation, «dass Kaiser und Reich im Geist einer neuen lebensvollen Gegenwart wieder aufgerichtet und ihr, wenn Gott ferner hilft und Segen gibt, in beidem die Gewissheit von Einheit und Macht, von Recht und Gesetz, von Freiheit und Frieden zuteil werden». Wilhelm seinerseits dankte der Delegation für den «Ausdruck des Vertrauens», machte dann aber deutlich, dass er im Hinblick auf die staatsrechtlichen Grundlagen des zukünftigen Reiches wie auch des Kaisertitels grundsätzlich anderer Auffassung war: «Nur in der einmütigen Stimme der deutschen Fürsten und freien Städte», und hier lag die Betonung auf «nur», war er bereit, dem «Wunsch», auch dies gilt es festzuhalten, der deutschen Nation und ihrer Vertreter zu entsprechen.

Am Ende verlief alles, so Kronprinz Friedrich Wilhelm, «würdig und gut». «Alle Deutschdenken fühlten heute mit mir, dass wir einen gewichtigen Tag erlebten, dass die Geburt von ‹Kaiser und Reich› nahe bevorstehe. Den Abgeordneten selbst war zumute, als träumten sie.» Aus der Sicht «von oben» mochte diese Sicht zutreffen. «Von unten» hingegen betrachtet hatte die Delegation ihr Ziel verfehlt. «Die parlamentarische Initiative» war in einem «symbolpolitischen Desaster» (Andreas Biefang) geendet. Die Zeitgenossen sahen dies ähnlich. Kaum eine Tageszeitung berichtete ausführlich darüber, und ein prachtvolles Gemälde gab es schon gar nicht. Überliefert ist nur eine Zeichnung, die ebenfalls nur die wenigsten kennen.

Wie zwiespältig die Stimmungen in diesen Wochen waren, zeigen abschließend zwei Äußerungen «klassischer» bürgerlicher Liberaler. «Wodurch», schrieb einer der bekanntesten Führer der Liberalen, der Historiker Heinrich von Sybel, Ende Januar 1871 an seinen Kollegen Hermann Baumgarten, «hat man die Gnade Gottes verdient, so große und mächtige Dinge erleben zu dürfen? [...] Was zwanzig Jahre der Inhalt alles Wünschens und Strebens gewesen, das ist nun in so unendlich herrlicher Weise erfüllt! Woher soll man in meinen Lebensjahren noch einen neuen Inhalt für das weitere Leben nehmen?» Doch dies war nur die eine Sicht auf die Ereignisse. Der Schweizer, in Heidelberg lehrende Staatsrechtler Johann C. Bluntschli, ein leidenschaftlicher Befürworter der deutschen Einheit, hatte wenige Wochen zuvor in seinem Tagebuch notiert: «Deutschland wird in der nächsten Zeit stramm regiert. Solange Bismarck die Dinge besorgt, ist für eine liberale und ideale Natur innerhalb der Leitung kein Platz; und außerhalb derselben als Opposition keine Aussicht.» Konsequent verzichtete er zunächst auf jedwede politische Tätigkeit.

Wie, so gilt es zu fragen, war der Weg zur Nationalstaatsgründung verlaufen? Wie sollte sich dieser nach innen und außen entwickeln? Welche Nachwirkungen sollte diese Form auf den weiteren Verlauf der deutschen und europäischen Geschichte haben? Und wie sollten sich die Menschen später daran erinnern?

2 Das Streben nach Einheit und Freiheit zwischen der Revolution 1848 und der «Neuen Ära» in Preußen

Die Revolution von 1848. Die Reichsgründung im Januar 1871 war nicht der erste Versuch, einen einheitlichen deutschen Nationalstaat zu gründen. Auf dem Wiener Kongress 1814/15 hatten die versammelten Fürsten und Staatsmänner das 1806 auf Druck Napoleons I. aufgelöste Heilige Römische Reich deutscher Nation nicht wieder auferstehen lassen. Eine starke Mitte passte nicht in die europäische Staatenlandschaft. Zudem bestand der Dualismus zwischen Österreich, der alten Vormacht des Reiches, und Preußen weiterhin fort. Als Kompromiss hatten sie den Deutschen Bund gegründet. Dieser war ein lockerer Staatenbund aus 41 Mitgliedsstaaten, darunter drei ausländische Könige, der englische, dänische und niederländische, die über Territorien in Deutschland herrschten.

Aus Sicht der jungen Nationalbewegung war dieser lockere Bund jedoch zu wenig. Maßgeblich angetrieben durch die Ideen der Französischen Revolution von 1789 hatte diese sich auf deutschem Boden wie auch in anderen Regionen Europas im Kampf gegen Napoleon formiert. «Nation» bedeutete für die Anhänger dieser Bewegung die Einheit von Sprache und Territorium, von Geschichte und Kultur. Doch es ging nicht nur um Einheit; auch Freiheit war eine Kernforderung der nationalen Bewegung. Trotz zahlreicher Unterdrückungsversuche hatte diese Bewegung zunehmend an Stärke gewonnen. Die Revolution von 1830 und das Hambacher Fest 1832 machten deutlich, dass sich die Bewegung auch von harter Unterdrückung durch die Vormächte des Deutschen Bundes, Österreich und Preußen, auf die Dauer nicht abschrecken ließ. Die Zeit, so ihre Auffassung, würde für sie und gegen die Anhänger der alten Ordnung arbeiten.

Die Ereignisse im Februar/März 1848 schienen der Nationalbewegung recht zu geben. Als im Februar 1848 Revolutionäre die Monarchie in Paris stürzten und die Republik proklamierten, schwappten die Unruhen schnell nach Deutschland über. Von Süddeutschland ausgehend, kam es zu massenhaften, teilweise gewaltsamen Protesten gegen das alte Regime. Während einige Monarchen zur Rettung ihrer Herrschaft freiwillig die «Märzforderungen» – Pressefreiheit, Vereins- und Versammlungsfreiheit, Geschworenengerichte, Auflösung stehender Heere zugunsten einer allgemeinen Volksbewaffnung und, soweit noch nicht geschehen, die Einführung von Verfassungen – erfüllten und liberale «Märzministerien» ernannten, kam es vor allem in Berlin und Wien zu blutigen Kämpfen. Aber auch dort setzten sich die Revolutionäre durch. Entscheidend für diesen Erfolg der revolutionären Bewegung war deren Breite: Studenten, Angehörige des Bildungs- und des Besitzbürgertums, Arbeiter, Handwerker und Bauern gingen dieses Mal gemeinsam auf die Straße und verliehen damit dem Protest gegen die bestehende Ordnung trotz unterschiedlicher Ziele im Einzelnen eine ungeheure Durchschlagskraft.

Einheit und Freiheit von unten? Symbolisch bedeutsam für den Erfolg der Revolution war der Einzug der über 585 in freien, gleichen und indirekten Wahlen gewählten Abgeordneten in die Frankfurter Paulskirche am 18. Mai. Sie sollten eine Verfassung für ganz Deutschland ausarbeiten und damit zugleich ein gemeinsames «Dach» für den ersehnten einheitlichen Nationalstaat schaffen.

Die Aufgaben, die die versammelten Abgeordneten zu lösen hatten, waren gewaltig. Nach langen Verhandlungen einigten sich die Abgeordneten schließlich im März 1849 auf eine Verfassung für ein einiges und freies Deutschland. Erbkaiser sollte der König von Preußen werden. Anstatt eines Großdeutschlands sollte es nur ein Kleindeutschland geben, da Österreich nicht bereit war, seine nichtdeutschen Gebiete aufzugeben. Der Reichstag sollte aus zwei Kammern bestehen – einem Staatenhaus, in dem die Vertreter der Bundesstaaten saßen, und einem

Volkshaus, dessen Abgeordnete in freien, gleichen, geheimen und direkten Wahlen von allen Männern über 25 Jahren gewählt wurden. Die Macht lag dabei eindeutig beim Parlament – der Kaiser hatte nur ein aufschiebendes Veto.

Als die Abgeordneten in Frankfurt die Verfassung beschlossen und dem preußischen König die Kaiserkrone antrugen, war die Revolution freilich bereits gescheitert. In Wien wie auch in Berlin hatte inzwischen die Gegenrevolution gesiegt. Der preußische König Friedrich Wilhelm IV., der sich seiner wiedererlangten Stärke bewusst war, lehnte diese Krone, der, wie er verächtlich meinte, der «Ludergeruch der Revolution» anhaftete, ab. Der Gedanke der Volkssouveränität widersprach seinen Vorstellungen vom Gottesgnadentum des Monarchen. Da die Nationalversammlung die militärische Macht der Monarchen nicht angetastet hatte und daher nicht über eigene Streitkräfte verfügte, waren die in Frankfurt verbliebenen Abgeordneten, die schließlich nach Stuttgart auswichen, machtlos. In Sachsen, in der Pfalz und in Baden schlugen preußische Truppen unter der Führung des Bruders des preußischen Königs, Prinz Wilhelm, alle Aufstände blutig nieder, die die Ziele der 1848er Bewegung doch noch verwirklichen wollten. Zahlreiche Menschen wurden zum Tode, Tausende zu langjährigen Haftstrafen verurteilt. Viele Tausende flüchteten zudem ins Ausland oder wanderten in die Vereinigten Staaten aus.

Ob, warum bzw. inwieweit die Revolution scheiterte, ist bis heute umstritten. Die Fülle der Probleme wie auch die unterschiedlichen Ziele der jeweiligen Trägergruppen und die langwierige Suche nach Kompromissen haben ihren Erfolg sicherlich behindert. Dennoch sollten die Erfolge nicht übersehen werden: Der Gedanke an einen einheitlichen und freiheitlichen Nationalstaat war anschließend aus dem politischen Leben der Deutschen nicht mehr wegzudenken.

«Kleindeutschland» von oben oder «Großösterreich»? Doch so abfällig der preußische König Friedrich Wilhelm IV. der Krone aus «Dreck und Letten» gegenüberstand; von seinesgleichen hätte er diese schon angenommen. Dies zeigt eine häufig vergessene

Station auf dem Weg zum deutschen Nationalstaat unter preußischer Führung, die «Erfurter Union», so hieß dieses Staatenbündnis nach dem Tagungsort im Erfurter Augustinerkloster. Gänzlich neu war der Gedanke, Österreich mit seinen vielen Völkern und die deutschen Staaten unter Führung Preußens in einem weiteren und engeren Bund zusammenzuschließen, nicht. Bereits Heinrich v. Gagern, 1848/49 zunächst Präsident der Nationalversammlung, dann Reichsministerpräsident, hatte diesen Vorschlag in die Diskussion eingebracht. Die Wiener Politik hatte diesen dann jedoch bald obsolet werden lassen.

Nach dem Ende der Paulskirche war es nun ein Vertrauter des preußischen Königs, der umtriebige General und konservative Politiker Joseph Maria v. Radowitz, der im Moment der Niederschlagung der Revolution preußischer Außenminister war, der diese Idee aufgriff. «Revolution nein, nationaler Verfassungsstaat ja» (Wolfram Siemann) lautete die Devise. Radowitz' Plan war, zumindest auf den ersten Blick, keineswegs unrealistisch. Auch wenn die großen Mittelstaaten – Bayern, Hannover, Sachsen und Württemberg – wie Preußen der Reichsverfassung und der Übertragung der Erbkaiserwürde an Preußen nicht zugestimmt hatten, so hatten immerhin 28 Kleinstaaten im April 1849 dieses Vorhaben ausdrücklich unterstützt. Die Basis für eine kleindeutsche Lösung der «Deutschen Frage» unter preußischer Führung war insofern auch unter den Regierenden nicht gering.

Im Gegensatz zum Gagern'schen Vorschlag sollte die Union, die Radowitz und dem preußischen König vorschwebte, jedoch einen grundlegend konservativen Charakter haben. Anfänglich sah es tatsächlich so aus, als wenn dies ein Weg für die Zukunft sein könnte. So gelang es Preußen nicht nur, zahlreiche Staaten des «Dritten Deutschland» auf seine Seite zu ziehen, sondern auch manche Liberale stellten sich auf dessen Seite und stellten bisherige Vorbehalte zurück. «Den Unterzeichneten», hieß es in einer Erklärung im Sommer 1849, «stehen die Zwecke, welche durch die Reichsverfassung vom 28. März erreicht werden sollten, höher als das starre Festhalten an der Form, unter der man dieses Ziel anstrebte.»

Letztlich scheiterte Radowitz, und mit ihm Friedrich Wilhelm IV. Ein Teil der Liberalen boykottierte diesen Versuch, durch Anpassung an die reale Lage zu retten, was zu retten war. Viel entscheidender aber war, dass Österreich unter seinem energischen General und Ministerpräsidenten Felix Fürst v. Schwarzenberg nach Niederschlagung der Revolution in Ungarn auf die deutsche «Bühne» zurückkehrte. Auf seinen Druck hin lehnten viele deutsche Staaten die inzwischen ausgearbeitete Verfassung der «Erfurter Union» ab. Zugleich legte Schwarzenberg einen eigenen Plan vor, den eines 70-Millionen-Reiches von der Nordsee bis ans Schwarze Meer. Dieser enthielt auch liberale Elemente wie eine «Nationalvertretung». Deren Abgeordnete waren jedoch nicht frei gewählt, sondern Gesandte der jeweiligen Kammern.

Eine Konfrontation war daher unvermeidlich, auch wenn Schwarzenberg versuchte, Preußen durch das Versprechen auf Machterweiterungen in Norddeutschland zu locken. Radowitz wie auch der König waren damit allerdings nicht zu gewinnen. Als Österreich daher parallel die Wiedergründung des Deutschen Bundes unter seiner Führung betrieb und von der zeitweiligen Gleichberechtigung Preußens keine Rede mehr war, hatte der preußische Unionsplan keine Zukunft mehr. Als Preußen schließlich im November 1850 glaubte, den Konflikt über die kurhessische Verfassung zur Machtprobe zwischen beiden Konzepten machen zu können, musste es am Ende eine bittere politische Niederlage einstecken. So kriegerisch der Ton in Berlin zwischenzeitlich war, angesichts der Drohungen Österreichs und seiner Verbündeten, hinter denen die Macht des Zaren, Nikolaus I., stand, schreckten die Verantwortlichen dann doch vor einem Krieg zurück. Preußen verzichtete auf seinen Führungsanspruch und stimmte zugleich der Wiederherstellung des Deutschen Bundes zu. Am Ende zeigte sich einmal mehr, dass die «Deutsche Frage», wie schon 1814/15, von den Konstellationen der Mächte nicht zu trennen war. Auch wenn sich die Westmächte zurückhielten, so schlug sich das Zarenreich auf die Seite Österreichs. Dies gab in Berlin den Ausschlag, doch keinen Krieg zu wagen.

Zu den wenigen, die anders als viele Konservative, Liberale und selbst Demokraten, die allein aus Prinzip einen Krieg forderten, einen solchen ablehnten und damit den König, der zunächst ebenfalls einen Krieg einer schmachvollen Unterwerfung vorgezogen hätte, in einer höchst misslichen Situation verteidigten, gehörte jener Mann, der ein Jahrzehnt später die Einigung des Reiches unter preußischer Führung verwirklichen sollte: Otto v. Bismarck. In einer politisch höchst bedeutsamen Rede im preußischen Abgeordnetenhaus machte er deutlich, dass er in anderen Kategorien dachte als viele seiner Zeitgenossen. In der äußerst hitzigen Debatte über die Frage von «Krieg oder Frieden» verteidigte Bismarck, der in der Revolution zu einem bedeutsamen, aber auch umstrittenen jungen Nachwuchspolitiker geworden war, die Unterwerfung der Regierung unter das als schmachvoll empfundene «Diktat von Olmütz» 1850 gegenüber jenen, die einer kriegerischen Auseinandersetzung mit Russland und Österreich – zwei Großmächten – den Vorzug gegeben hätten. Kriege, die allein der «Ehre» oder irgendwelcher «Prinzipien» wegen geführt würden, seien abzulehnen. «Warum», so fragte er die Befürworter eines von den Liberalen eingebrachten Antrags, die Politik der Regierung zu missbilligen, «führen große Staaten heutzutage Krieg?», um sogleich eine, seine auch spätere grundsätzliche Haltung in dieser Hinsicht beschreibende Antwort zu geben: «Die einzig gesunde Grundlage eines großen Staates, und dadurch unterscheidet er sich wesentlich von einem kleinen Staate, ist der staatliche Egoismus und nicht die Romantik, und es ist eines großen Staates nicht würdig, für eine Sache zu streiten, die nicht seinem eigenen Interesse angehört. [...] Es ist leicht für einen Staatsmann, sei es in dem Kabinette oder in der Kammer, mit dem populären Winde in die Kriegstrompete zu stoßen und sich dabei an seinem Kaminfeuer zu wärmen oder von dieser Tribüne donnernde Reden zu halten, und es dem Musketier, der auf dem Schnee verblutet, zu überlassen, ob sein System Sieg und Ruhm erwirbt oder nicht. Es ist nichts leichter als das, aber wehe dem Staatsmann, der sich in dieser Zeit nicht nach einem Grunde zum Kriege umsieht, der auch nach dem Kriege noch stichhaltig ist.»

Diese Rede war ein grandioser Erfolg. Mit ihr ebnete Bismarck sich den Weg zu höheren Ämtern im preußischen Staatsdienst. Über diesen biografischen Aspekt hinaus gleichermaßen bedeutsam war die Tatsache, dass Bismarck hier, ohne dass seine eigenen Anhänger, die von der brillanten Zurückweisung der Liberalen regelrecht geblendet waren, dies erkannten, hier als «Staatsdiener» aufgetreten war, der einer aus allen Bindungen gelösten, rein machtstaatlich orientierten Staatsräson das Wort geredet hatte. Wenn diese einen Krieg rechtfertigte, war er auch bereit, diesen zu führen, unabhängig von der eher moralischen Frage, ob es sich um einen gerechten Krieg handelte oder nicht. Ein Jahrzehnt später sollte er die Bereitschaft, für Preußens Staatsräson Krieg zu führen, tatsächlich unter Beweis stellen. Dass dies möglich war, lag allerdings auch an grundlegend veränderten Konstellationen. Anders als 1850 stützte das Zarenreich nun nicht mehr Österreich, sondern Preußen. Als sich die Habsburgermonarchie während des Krim-Krieges (1854–56) zur Wahrung ihrer Balkaninteressen auf die Seite der Westmächte stellte, zerbrachen die «Heilige Allianz» und die alte Wiener Ordnung. Preußens Neutralität in diesem Krieg hingegen erwies sich jedoch als ein «Pfund», mit dem ein skrupelloser und geschickter Politiker im Zweifel zugunsten der Stärkung der preußischen Stellung in Deutschland und Europa wuchern konnte – sowohl gegenüber der alten Vormacht im Deutschen Bund, Österreich, als auch gegenüber der neuen Hegemonialmacht auf dem Kontinent, Frankreich.

Reaktion. Äußeres Kennzeichen der Niederschlagung der Revolution war, zumal nach dem Scheitern der preußischen Unionspläne, die Wiedererrichtung des Deutschen Bundes. Preußens Hoffnungen, diesen fortan gleichberechtigt mit Österreich zu führen, erfüllten sich jedoch nicht. Aus anfänglichem Einvernehmen, das sogar zu einem zeitweiligen Bündnis führte, wurde bald eine erbitterte Gegnerschaft. Verantwortlich dafür war nicht zuletzt der neue preußische Gesandte in Frankfurt, dem Sitz des Deutschen Bundestages, Bismarck. Mit großer Hartnäckigkeit verteidigte er Preußens Anspruch auf Gleichberechtigung. Alle Reformvorschläge scheiterten daher an ihm. Ebenso verhinderte er, dass der Deutsche Bund zu einem Instrument österreichischer Hegemonialpolitik in Mitteleuropa wurde. Dazu gehörten der Plan einer mitteleuropäischen Zollunion unter Führung des von Österreich dominierten Deutschen Bundes (1852/53) sowie die von Österreich beantragte Mobilmachung der Bundeskontingente gegen Russland im Zeichen des Krim-Krieges 1855. Für österreichische Interessen sollten keine preußischen Soldaten in den Krieg ziehen.

Ungeachtet dieser Differenzen sollten jedoch die Gemeinsamkeiten zwischen Österreich und Preußen in dieser Zeit, die als «Reaktion» in die Geschichtsbücher eingegangen ist, nicht übersehen werden. Im Kampf gegen die Revolution waren sich beide Regierungen einig. Die Folge war die erneute Unterdrückung aller freiheitlichen und nationalen Strömungen mit polizeistaatlichen Mitteln. Bestehende Verfassungen wurden entweder, wie in Österreich, ganz aufgehoben, oder, wie in Preußen, so geändert, dass an dem Vorrang der Krone gegenüber dem Parlament kein Zweifel bestand. Die Presse wurde einer rigorosen Zensur unterworfen, die Versammlungsfreiheit ganz aufgehoben. Auch wenn die deutschen Bundesstaaten gegenüber der liberalen Opposition unterschiedlich vorgingen, war die Stimmung in den 1850er Jahren allgemein gedrückt.

Eine «Neue Ära»? Im Jahre 1858 verschlechterte sich der Gesundheitszustand des preußischen Königs Friedrich Wilhelm IV. rapide. An Stelle des schwerkranken kinderlosen Monarchen übernahm daher sein Bruder, Prinz Wilhelm, die Regentschaft. Obwohl der Prinzregent durch und durch ein preußischer Offizier war und 1848/49 aktiv an der Niederschlagung der Revolution mitgewirkt hatte, betrachteten viele Zeitgenossen dieses Ereignis als den Beginn einer «Neuen Ära». Der Eid von Prinz Wilhelm auf die preußische Verfassung von 1850 – gegen den ausdrücklichen Rat seines Bruders – sowie die Ablösung des «reaktionären» Ministeriums Manteuffel durch ein konservativ-liberales Kabinett schienen die Hoffnungen vieler Liberaler zu bestätigen. In einer Rede vor dem neuen Staatsministerium unterstrich der Prinzregent noch einmal seinen Willen, einen Politikwechsel vorzunehmen: «In Deutschland muss Preußen moralische Eroberungen machen, durch eine weise Gesetzgebung bei sich, durch Hebung aller sittlichen Elemente und durch Ergreifung von Einigungselementen. [...] Die Welt muss wissen, dass Preußen überall das Recht zu schützen bereit ist.» Diese Worte weckten nach den Jahren der Reaktion große Erwartungen. Die große Mehrheit der Bevölkerung versprach sich von dem Regierungswechsel sowohl mehr innere Freiheit als auch eine Lösung der «nationalen Frage». In ihrem Enthusiasmus übersah sie freilich, dass der Prinzregent bei aller Bereitschaft, sich an die Verfassung zu halten und Reformen einzuleiten, ausdrücklich den Gedanken zurückgewiesen hatte, «dass die Regierung sich fort und fort treiben lassen müsse, liberale Ideen zu entwickeln, weil sie sich sonst von selber Bahn brächen».

Ein neuer Katalysator: Der Italienische Einigungskrieg. Entscheidend beflügelt wurde die Euphorie der liberalen, nationalen Öffentlichkeit freilich durch den im Frühjahr 1859 ausbrechenden Italienischen Einigungskrieg. Indem das kleine Piemont im Bündnis mit Frankreich Österreich aus Italien verdrängte, riss es auch die letzten nach dem Krim-Krieg noch übrig gebliebenen Pfeiler der Wiener Ordnung von 1815 ein. Zugleich verschoben sich, wie schon am Ende des Krim-Kriegs erkennbar, die Gewichte auf dem Kontinent weiter zugunsten Frankreichs, das nun endgültig die Hegemonialmacht in Europa wurde. Für die weitere Entwicklung im Reichsgründungsjahrzehnt und für Österreichs wie auch für Bismarcks Politik war diese Gewichtsverschiebung von zentraler Bedeutung.

Preußens deutscher Beruf. Die Einigung Italiens verlieh der deutschen Nationalbewegung neuen Schub. Weite Kreise des Bürgertums und darüber hinaus nahmen Anteil an den Ereignissen in Italien, auch wenn die Haltung zu dem Krieg keineswegs einheitlich war. Immerhin war Österreich Teil des Deutschen Bundes, dessen italienische Besitzungen von manchen als die «Vormauer des Reiches» betrachtet wurden. Wie kompliziert die Lage war, zeigte der Historiker Johann Gustav Droysen. Dieser hatte zwar Sympathie für Italien, wünschte aber den Erfolg Österreichs, denn: «Hätte Österreich Italien nicht, so würde es umso schwerer auf Deutschland drücken, es würde nicht eher ruhen, als bis es Preußen, d. h. die nationale Entwicklung Deutschlands eliminiert hätte.»

Bismarck gehörte ebenfalls zu denen, die diese Entwicklung voller Tatendrang beobachteten: «Die gegenwärtige Lage», schrieb er dem Prinzregenten aus Sankt Petersburg, «hat wieder einmal das große Los für uns im Topf, falls wir den Krieg Österreichs mit Frankreich sich scharf einfressen lassen, und dann mit unsern ganzen Armeen nach Süden aufbrechen, die Grenzpfähle im Tornister mitnehmen und sie entweder am Bodensee oder da, wo das protestantische Bekenntnis aufhört vorzuwiegen, wieder einschlagen.» Dem Liberalen Hans Viktor v. Unruh unterbreitete er in Fortführung seiner These, dass es im Grunde nichts «deutscheres gebe als die Entwicklung richtig verstandener preußischer Partikularinteressen», offen das Angebot eines Bündnisses Preußens mit dem «deutschen Volk». Bismarcks Beurteilung der Lage traf sich dabei in fast kongenialer Weise mit der der Führer des «Deutschen Nationalvereins». Diese waren, 1859 jedenfalls, Unruh zufolge der Meinung, Bismarck solle Außenminister werden, denn «Preußen bedarf jetzt mehr als je einer klaren, festen und kühnen Politik. Die kühnste ist die verhältnismäßig gefahrloseste.»

Droysens und Unruhs Auffassung von Preußens «deutschem Beruf» teilte auch der in Anlehnung an italienische Vorbilder im Herbst 1859 gegründete Deutsche Nationalverein: «Unsere Hoffnung richten wir daher auf Preußens Regierung, welche durch den im vorigen Jahre aus freiem Antriebe eingeführten Systemwechsel ihrem Volke und ganz Deutschland gezeigt hat, dass sie als ihre Aufgabe erkannt hat, ihre Interessen und die ihres Landes in Übereinstimmung zu bringen, und für einen solchen Zweck Opfer an ihrer Machtvollkommenheit sowie die Betretung neuer und schwieriger Bahnen nicht scheut. Die Ziele der preußischen Politik fallen mit denen Deutschlands im Wesentlichen zusammen», hieß es unmissverständlich im Gründungsmanifest. Ein Jahrzehnt nach dem Ende der von preußischen Truppen niedergeschlagenen Revolution war dieses Manifest, das außerdem, wie 1848, die Einberufung eines deutschen Parlaments und die Errichtung einer starken Zentralgewalt forderte, mehr als erstaunlich.

Der Nationalverein mit bald 30000 Mitgliedern war nur ein Teil einer ungeheuren politischen Mobilisierungswelle: Schützen-, Sänger- und Turnvereine schossen wie Pilze aus dem Boden. Zusammen mit den bald wieder entstehenden Parteien bildeten sie ein überregionales Netz von Organisationen, die den Kampf für ein einiges und freies Deutschland als höchstes Ziel betrachteten. Höhepunkt dieser Aufbruchstimmung waren Hunderte von Feiern für den Dichter der Freiheit, Friedrich Schiller, im Herbst 1859. Dass der 1862 gegründete Deutsche Reformverein mit seinen kaum mehr als 1500 Mitgliedern, die vornehmlich aus dem Süden kamen, angesichts der propreußischen Haltung der großen Mehrheit der Nationalbewegung auf verlorenem Posten stand, sei hier nur der Vollständigkeit halber erwähnt.

Parteigründungen. Die politische Mobilisierung Ende der 1850er Jahre beschleunigte nicht nur die Gründung von «Vereinen», sondern auch von Parteien im modernen Sinn. Zu den bedeutsamsten in der Reichsgründungsära gehörte die 1861 gegründete Deutsche Fortschrittspartei. Träger waren hier die neuen besitz- und bildungsbürgerlichen Eliten, die zum Teil schon 1848/49 in der Paulskirche oder in der preußischen Nationalversammlung bzw. dem späteren Abgeordnetenhaus gesessen hatten. Die Durchsetzung des Rechtsstaats, Verantwortlichkeit der Regierung gegenüber dem Parlament, Aufhebung letzter ständischer Relikte auf dem Lande, liberale Wirtschaftsgesetzgebung, aber auch die deutsche Einheit unter preußischer Führung waren wesentliche Teile des Programms: «Bei den großen und tiefgreifenden Umwälzungen in dem Staatensysteme Europas haben wir aber nicht minder die klare Einsicht gewonnen, dass die Existenz und die Größe Preußens abhängt von einer festen Einigung Deutschlands, die ohne eine starke Zentralgewalt in den Händen Preußens und ohne gemeinsame deutsche Volksvertretung nicht gedacht werden kann», hieß es in der Präambel nach dem Bekenntnis zum Monarchen und der Betonung der Bedeutung einer Verfassung.

Obwohl zunächst nur für Preußen gegründet, strahlte die Fortschrittspartei allein durch ihre engen Verbindungen zum Deutschen Nationalverein weit über dessen Grenzen hinaus. Dass sie mit ihrer Opposition gegen die preußische Heeresreform schließlich einen Konflikt auslösen sollte, der wiederum jenen Mann an die Spitze des Landes hievte, der die deutsche Einheit mit «Eisen und Blut» verwirklichen sollte, war 1861 nicht absehbar. Diese Einigung sollte dann allerdings auch der Spaltpilz für die Liberalen sein – trotz aller Freude über die Einigung.

Für die Arbeiter war in der von Besitz- und Bildungsbürgertum dominierten Fortschrittspartei mit ihren Honoratioren, aber auch ihren wirtschaftlichen Grundsätzen, die die Interessen der Arbeiter kaum berücksichtigten, kein Platz. So begannen diese sich, wenn auch unter wichtiger Beteiligung von Angehörigen des Bürgertums wie dem Rechtsanwalt Ferdinand Lassalle, in dieser Zeit ebenfalls zu organisieren. Aus Arbeiterbildungsvereinen entstand schließlich 1863 der Allgemeine Deutsche Arbeiterverein. Mit dem Vereinstag Deutscher Arbeitervereine (VDAV) gab es allerdings bald eine Konkurrenz im eigenen Lager, die sich durch die Gründung der Sächsischen Volkspartei 1866 weiter vergrößerte. Erst die 1869 gegründete Sozialdemokratische Arbeiterpartei (SDAP) vereinigte größere Teile der Arbeiter, wenngleich der endgültige Zusammenschluss aller erst 1875 erfolgen sollte. Im Mittelpunkt stand jenseits aller ideologischen Differenzen und klassischer liberaler Forderungen wie Pressefreiheit die Besserung des Loses der Arbeiter durch staatliche Förderung des Genossenschaftswesens, Gewährung der Koalitionsfreiheit, Einführung des Normalarbeitstages, Einschränkung der Frauen- und Verbot der Kinderarbeit sowie die Überwindung der Klassengesellschaft mit all ihren Facetten.

In der nationalen Frage war die Arbeiterbewegung jedoch

bis in den Krieg von 1870 tief gespalten. Während die SDAP nicht zuletzt aufgrund ihres sächsischen Ursprungs und grundsätzlicher Gegnerschaft gegen den preußischen Obrigkeitsstaat großdeutsch orientiert war und einen Nationalkrieg prinzipiell ablehnte, favorisierte der ADAV eine kleindeutsche Lösung unter preußischer Führung. Konflikte waren daher in den Monaten der Reichsgründung vorgezeichnet.

Auch der Katholizismus begann sich in diesen Jahren politisch zu organisieren. Im Gegensatz zu den anderen Parteien, die sich auf spezifische soziale Schichten – hier Besitz- und Bildungsbürger, dort die Arbeiter – stützten, war das «Zentrum», so der programmatische Name seit 1859, eine Partei, die durch den gemeinsamen Glauben vom Adel über den Bürger bis zum Handwerker und Arbeiter alle Schichten miteinander verband. In der Frage der Reichseinigung war sie großdeutsch orientiert. Österreich war traditionell die Schutzmacht der Katholiken; Preußen hingegen ein protestantischer Staat, der immer wieder in Angelegenheiten der Kirche eingegriffen und Katholiken diskriminiert hatte. Ähnlich wie mit den Sozialisten waren auch hier Konflikte vorgezeichnet. Dies galt umso mehr, als das Zentrum durch Entwicklungen in der katholischen Kirche selbst bald Positionen einnahm, die nicht nur die Regierung, sondern auch die Liberalen ablehnten.

Die Konservativen schließlich entwickelten sich ebenfalls zu einer Partei, die sich bald allerdings in zwei Parteien aufspaltete. Die Politik Bismarcks war vielen preußischen Altkonservativen zutiefst zuwider; sie gab aus ihrer Sicht das «alte» Preußen mit seinen Idealen in vielerlei Hinsicht auf. Wie bei den Liberalen kam es daher noch in der Reichsgründungsära zur Spaltung. Im Gegensatz zu den Altkonservativen, deren Basis der grundbesitzende Adel war, unterstützten die Freikonservativen, die auch einen Teil des besitzenden Großbürgertums für sich gewinnen konnten, seit 1866 Bismarcks Politik.

Wirtschaftliche Entwicklung und Einigung. Nicht unterschätzt werden sollte der enge Zusammenhang von wirtschaftlicher Entwicklung und nationaler Einigung. Die 1850er Jahre waren trotz mancher Krisen eine Zeit des Aufschwungs. Die Industrialisierung hatte endgültig Fuß gefasst. Die Anziehungskraft des von Preußen dominierten Zollvereins verstärkte sich daher. Diesem anzugehören, versprach in der Zeit einer sich beschleunigenden wirtschaftlichen Dynamik, zumal seit dem preußisch-französischen Handelsvertrag von 1862, weitaus mehr Vorteile als die Mitgliedschaft in der mitteleuropäischen Zollunion, die das ökonomisch eher rückständige Österreich seit 1849 anstrebte. Das sahen auch die Liberalen so, so sehr sie die preußische Politik ansonsten bekämpften.

3 «Eisen und Blut»: Deutsche Politik 1862–1866

Preußen – Konflikt statt Veränderungen. Die Entwicklung verlief dann allerdings ganz anders, als es die Liberalen erhofft und erwartet hatten. Ihre Hoffnungen, Preußen würde im Innern, aber auch in der «deutschen Frage» neue Wege einschlagen, wurden zunächst auf ganzer Linie enttäuscht. Anlass für diese Enttäuschung war der Wille der Regierung, das Heer durch eine Erhöhung der Zahl der eingezogenen Wehrpflichtigen von 145 000 auf 200 000 Mann zu vergrößern. Diese Vergrößerung sollte einhergehen mit einer Erhöhung der Zahl der aktiven Regimenter sowie einer Verlängerung der Dienstzeit von zwei auf drei Jahre.

Die Notwendigkeit einer Vergrößerung des Heeres bestritten die Liberalen angesichts der außenpolitischen Entwicklungen nicht. Strittig war aber der Wille der Regierung, die Landwehr, das Symbol des «Volks in Waffen» seit den Befreiungskriegen, zugunsten der Linie – so der Name für die aktiven Regimenter – zurückzudrängen. Darin sahen die Liberalen ein gezieltes Aushöhlen alter Errungenschaften, aber auch ein tiefsitzendes Misstrauen auf Seiten der Regierung gegenüber dem Bürger. Dieser war, so hatte Gerhard v. Scharnhorst es in der Reformzeit dezidiert formuliert, der «geborene Verteidiger» seines Staates. Die

Verlängerung der Dienstzeit bestätigte in ihren Augen den Verdacht, dass es der Regierung einzig und allein darum ging, in Zeiten rapiden politischen und gesellschaftlichen Wandels wieder ein zuverlässiges «Schwert» in die Hand zu bekommen, das geeignet war, Ordnung im Sinne der «alten Eliten» notfalls mit Gewalt durchzusetzen.

Für die Annahme, dass die Regierung, die – und dies bestritten die Liberalen auch nicht – über die inneren Angelegenheiten der Armee alleine entscheiden konnte, tatsächlich die Landwehr zurückdrängen wollte, weil sie diese im Konfliktfall als unzuverlässig, da von liberalen oder gar demokratischen Ideen durchsetzt, betrachtete, gibt es neueren Forschungen zufolge nur wenige Anhaltspunkte. Ganz anders sieht es mit dem Verdacht aus, die Regierung habe mit der Verlängerung des Wehrdienstes den «Untertanengeist» schärfen wollen. Daran war zweifellos viel Wahres: «Die Disziplin, der blinde Gehorsam [!] sind aber Dinge, die nur durch lange Gewohnheit erzeugt werden und Bestand haben und zu denen daher eine längere Dienstzeit gehört, damit im Augenblick der Gefahr der Monarch sicher auf die Truppe rechnen könne. Dieser blinde Gehorsam ist es aber gerade, was den Revolutionären am störendsten entgegentritt», hatte Wilhelm I. bereits 1832 geschrieben. Einzelne Fälle von Widersetzlichkeiten von Landwehrmännern in der Revolution 1848/49 hatten ihn in seiner Haltung bestärkt. Kurzum: es ging um zwei Konzepte – den Bürger in Uniform auf der einen Seite, den Soldaten, der nur dem Monarchen gehorchte, so wie es der Fahneneid von 1831 ausdrücklich vorsah, auf der anderen.

Innerhalb kurzer Zeit entwickelten sich die Auseinandersetzungen über diese Fragen zu einem scharfen Grundsatzkonflikt zwischen der Krone, die an ihren überlieferten Prärogativen festhalten, und der liberalen Mehrheit im Abgeordnetenhaus, die die Regierung stärker dem Willen des Parlaments unterwerfen wollte. Das Mittel dazu war das Budgetrecht. Indem das Abgeordnetenhaus der Regierung die Mittel zur Durchführung der Heeresreorganisation zwar provisorisch, nicht aber endgültig bewilligte, bis diese sowohl im Hinblick auf die Rolle der

Landwehr als auch hinsichtlich der Dienstzeit den Wünschen der Abgeordneten entgegengekommen war, war die endgültige Durchführung der Reorganisation gefährdet. Zwei Auflösungen und Neuwahlen des Parlaments verschärften den Konflikt noch. Entgegen der Hoffnung der Regierung gewannen die Liberalen Stimmen dazu. Nach der zweiten Neuwahl im Mai 1862 standen 285 von 352 Abgeordneten auf Seiten der Opposition. Aus Sicht der preußischen Regierung war die Lage aussichtslos. Alle Hoffnungen, die sie zu Beginn der «Neuen Ära» auf eine gedeihliche Zusammenarbeit mit den Liberalen gehabt haben mag, hatten sich zerschlagen.

Angesichts dieser Lage stand Wilhelm I. im September 1862 vor der Frage, abzudanken oder einen regelrechten Konfliktminister zu ernennen. Nach Lage der Dinge kam dafür nur Bismarck infrage. Dieser galt als treuer Vasall und bereit, notfalls diktatorisch zu regieren. Sein Ruf, «nur zu gebrauchen, wo das Bajonett schrankenlos waltet», wie König Friedrich Wilhelm IV. einst an den Rand einer Vorschlagsliste für den Posten des Ministerpräsidenten geschrieben hatte, ebnete ihm nun den Weg auf jenen Posten, den er seit Beginn seiner Karriere angestrebt hatte. Am 23. September übernahm Bismarck – zunächst interimistisch – das Amt des preußischen Ministerpräsidenten. Dass dieses Datum wie nur wenige andere in der deutschen und europäischen Geschichte schließlich im wahrsten Sinne des Wortes geschichtsmächtig werden sollte, war zu diesem Zeitpunkt jedoch nicht vorhersehbar.

Dazu waren allein die Rahmenbedingungen mehr als schlecht: Für Liberale wie den Publizisten August Ludwig Rochau war Bismarck daher auch nur der «schärfste und letzte Bolzen der Reaktion von Gottes Gnaden» und ein «Abenteurer», nicht aber «ein vollgültiger Staatsmann». Es war daher mehr als fraglich, ob es dem neuen Ministerpräsidenten gelingen würde, in der alles entscheidenden Frage von, wie er es ausdrückte, «Königliches Regiment oder Parlamentsherrschaft» Letztere notfalls auch «durch eine Periode der Diktatur abzuwenden».

Bismarck war sich dessen durchaus bewusst, und er versuchte daher, hinter den Kulissen wie auch in der Öffentlichkeit Möglichkeiten eines Kompromisses auszuloten. Eine Woche nach seiner Ernennung hielt er in der Budgetkommission des Abgeordnetenhauses jene Rede, die fälschlich als «Blut und Eisen»-Rede in die Geschichte eingegangen ist: «Nicht auf Preußens Liberalismus sieht Deutschland, sondern auf seine Macht; Bayern, Württemberg, Baden mögen dem Liberalismus indulgieren, darum wird ihnen doch keiner Preußens Rolle anweisen [...] nicht durch Reden und Majoritätsbeschlüsse werden die großen Fragen der Zeit entschieden – das ist der große Fehler von 1848 und 1849 gewesen – sondern durch Eisen und Blut.» Das war zweifellos das Angebot für eine umfassende Zusammenarbeit. Angesichts der verfahrenen Situation trug dieses freilich keine Früchte. Mit seinen martialischen Äußerungen verschärfte er den Konflikt vielmehr. «Du weißt, wie leidenschaftlich ich Preußen liebe», schrieb der Historiker Heinrich v. Treitschke. «Höre ich aber einen so flachen Junker wie diesen Bismarck von dem ‹Eisen und Blut› prahlen, womit er Deutschland unterjochen will, so scheint mir die Gemeinheit nur noch durch die Lächerlichkeit überboten.»

Betrachtet man diese Äußerungen im Kontext dessen, was die liberale Nationalbewegung seit 1859 offen forderte, nämlich den Nationalkrieg, dann entbehrte Treitschkes Diktum nicht einer gehörigen Portion Doppelmoral. Bismarck umgekehrt musste in dieser Situation erkennen, dass er in der nationalen Frage Vorleistungen erbringen musste, um sein eigentliches Ziel zu erreichen: Preußens Macht zu stärken und zugleich den politischen und gesellschaftlichen Wandel in begrenzten Bahnen zu halten.

Bismarck regierte daher – gestützt auf die rechtlich fragwürdige «Lückentheorie» und unter Anwendung aller bürokratischen Mittel zur Einschüchterung liberaler Abgeordneter – nach dem Scheitern aller Kompromissversuche tatsächlich gegen das Abgeordnetenhaus. Auch eine weitere Auflösung im Herbst 1863 änderte an den Mehrheitsverhältnissen nichts, obwohl Bismarck sich durchaus bemühte, den Liberalen zumindest auf wirtschaftlichem Gebiet wie auch im Hinblick auf die Lösung der «nationalen Frage» pragmatisch-flexibel entgegenzukommen.

«Wer die Macht in Händen hat», verteidigte er sich im Januar 1863 im Abgeordnetenhaus, «der geht dann in seinem Sinne vor, weil das Staatsleben auch nicht einen Augenblick stillstehen kann.»

Das Abgeordnetenhaus quittierte diese Kampfansage im Mai 1863 schließlich mit einer Adresse an den König, in der eine weitere «Mitwirkung zu der gegenwärtigen Politik der Regierung» abgelehnt wurde. «Jede weitere Verhandlung befestigt uns nur in der Überzeugung, dass zwischen den Ratgebern der Krone und dem Lande eine Kluft besteht, welche nicht anders als durch einen Wechsel der Personen, und mehr noch, durch einen Wechsel des Systems ausgefüllt werden wird.»

Es lag auf der Hand, dass daran unter den gegebenen Umständen nicht zu denken war. Die erneute Auflösung des Abgeordnetenhauses im September war eine logische Folge. Die überwältigende liberale Mehrheit, die im Oktober gewählt wurde, machte aber einmal mehr deutlich, dass die inneren Fronten sich eher verhärteten, als dass eine Lösung für die Krise näher rückte.

Machterweiterung Preußens oder Reform des Deutschen Bundes?

Doch Bismarck war nicht nur der Nothelfer der Krone in einer Zeit äußerster Bedrängnis im Innern. Als Außenpolitiker war er vielmehr der Ansicht, dass es nunmehr an der Zeit sei, die seit dem Vertrag von Olmütz schwache Position Preußens in Europa und damit auch innerhalb des Deutschen Bundes zu stärken. Die indirekte Unterstützung Russlands bei der Niederschlagung des polnischen Aufstandes 1863 durch die Konvention Alvensleben war ein Mittel, Preußens Position im Konzert der Mächte zu stärken. Diese Unterstützung war für viele Liberale in Deutschland und Europa, die mit den aufständischen Polen sympathisierten, einmal mehr ein Beweis für Bismarcks rückwärtsgewandte Politik. Doch dies war für ihn ohne Belang. Ziel seiner Politik war es zunächst, einen selbstständigen polnischen Staat, der unweigerlich Teile Preußens gefordert hätte, zu verhindern. Gleichermaßen ging es Bismarck auch darum, «uns für die Zukunft die Dankbarkeit des Kaisers Alexander und die russische Sympathie wohlfeil gesichert zu haben», so seine retrospektive Deutung. Dieses Ziel hat er tatsächlich erreicht. Allerdings war die Dankbarkeit des Zaren, Alexander II., anders als oft behauptet, keine carte blanche für Bismarcks Politik in der Reichsgründungsära. Denn es gab, trotz aller Sympathien für Preußen, weiterhin auch Felder, die beide Staaten voneinander trennten.

Zugleich ging Bismarck auch gegenüber den Staaten des Deutschen Bundes in die Offensive. Trotz der «Eisen und Blut»-Rede wäre es freilich grundfalsch zu vermuten, der preußische Ministerpräsident habe dies allein und in erster Linie getan, um dadurch zugleich die kleindeutsche Lösung, so wie sie die Nationalbewegung forderte, zu verwirklichen. Dazu dachte Bismarck viel zu sehr von Preußen, nicht von Deutschland her. Nicht der nationale Einheitsstaat, sondern, um es auf eine griffige Formel zu bringen, die Anerkennung einer Österreich gegenüber gleichberechtigten Machtstellung Preußens war sein Ziel. Diese Zielvorstellung schloss nicht aus, dass Bismarck – wie angedeutet – sich die Wünsche der Nationalbewegung insoweit zu eigen machte, wie sie mit seinen Interessen, d.h. den Interessen Preußens, übereinstimmten. Die Zeit der Zusammenarbeit zwischen Österreich und Preußen vor allem in Fragen der Innenpolitik, die ungeachtet aller Querschüsse Bismarcks doch die Reaktionszeit geprägt hatte, war endgültig vorbei.

Bereits Ende 1862 machte Bismarck dem österreichischen Botschafter in Berlin, Graf Alajos Károlyi von Nagykároly, in mehreren Gesprächen ohne Umschweife deutlich, wie er sich die Zukunft vorstellte. Österreich solle, so bedeutete er diesem, Preußen die «für unsere Existenz notwendige Lebensluft lassen», d.h. die Herrschaft über Norddeutschland; im Gegenzug dafür versprach er, die österreichischen «Vitalinteressen in Italien wie im Orient» zu den seinigen zu machen. Anderenfalls würde es über «kurz oder lang zum förmlichen Bruch und schließlich zum Kriege» kommen. Dies war starker Tobak, und viele Diplomaten in Berlin fragten sich, ob Bismarck noch ganz gesund sei. Dahinter stand freilich nichts anderes als der Versuch, die Donaumonarchie zu Verhandlungen und letztlich zu echten Zugeständnissen zu zwingen.

Gänzlich neu war Bismarcks Vorstoß nicht. Seit Ende der 1850er Jahre diskutierten Preußen, Österreich und die Mittelstaaten über verschiedene Reformpläne. Bereits 1859/60 hatte Preußen eine Reform der Bundeskriegsverfassung vorgeschlagen, mit dem Ziel einer Teilung der Streitkräfte. Im Ergebnis wäre dieser Plan genauso auf eine preußische Vorherrschaft in Kleindeutschland hinausgelaufen wie der 1861, also noch vor Bismarcks Ernennung, eingebrachte alte Radowitz'sche Unionsplan. Dieser Vorstoß der preußischen Regierung, und darin liegt seine eigentliche Bedeutung, deckte sich in weiten Teilen mit den Forderungen des Nationalvereins, wenn auch die frei gewählte Nationalrepräsentation noch fehlte. «Die Annäherung an die nationalgesinnte öffentliche Meinung war unverkennbar – und das bereits vor der Berufung Bismarcks», so zu Recht der Historiker Wolfram Siemann. Auch der – bereits erwähnte – preußisch-französische Handelsvertrag vom August 1862 gehört in diesen Kontext. Er förderte die Interessen des liberalen Wirtschaftsbürgertums und zog dieses damit weiter auf die Seite Preußens, schloss Österreich zugleich aber aus dem Zollverein aus.

Konflikte mit Österreich, aber auch mit den mit diesem verbündeten Mittel- und Kleinstaaten waren daher unvermeidlich. Seit der Niederlage in Italien hatte sich die Habsburgermonarchie wieder stärker dem Deutschen Bund zugewandt. Preußen hatte diesen Schwenk in der österreichischen Politik allerdings mit seinem Verhalten in der Frage des Einsatzes von Bundestruppen im Italienkrieg erheblich erleichtert. In Teilen der national gesinnten Öffentlichkeit hatte dieses Verhalten – wie beschrieben – die antipreußischen Ressentiments gestärkt. Zugleich sahen manche Regierungen, allen voran die sächsische, seit 1859 darin auch einen Hebel, die eigene Position im Bund im Sinne der «Trias», d.h. eines stärkeren institutionellen Gewichts der kleineren und mittleren Staaten gegenüber den beiden Großmächten, durch dessen grundlegende Reform zu stärken. Mehrheitsfähig war dieser Plan nicht. Selbst Österreich ging bald auf Distanz. Dieses Scheitern hinderte die Anhänger der Trias-Idee dann allerdings nicht, gemeinsam mit Österreich die preußischen Pläne zu verhindern. Österreich, so schien es, hatte nach den Schlappen in Italien durch seinen liberalen Kurs unter dem neuen Staatsminister Anton v. Schmerling viele in der Zeit des Neoabsolutismus verlorengegangene Sympathien zurückgewonnen. Zusammen mit den Mittelstaaten wehrte es die preußischen Vorschläge ab. Allein in der Frage des Handelsvertrages, und hier zeigt sich die Zwiespältigkeit ihrer Politik, scherten diese dann aber aus der gemeinsamen Front mit Österreich wieder aus: Wirtschaftlich war es für alle Unterstützer der Habsburgermonarchie im Hinblick auf die Reform des Bundes doch attraktiver, mit Preußen zu gehen, als sich an Wien zu hängen.

Gleichsam als wollte er die Anziehungskraft der wirtschaftlichen Vorteile einer Unterstützung Preußens durch eine Annäherung an manche Ideen der 1848er Revolution politisch flankieren, unterlief Bismarck geschickt die von Österreich eingebrachten Vorschläge zur Reform des Bundes. Während die Habsburgermonarchie der Nationalbewegung allenfalls eine indirekt gewählte Delegiertenversammlung anbieten wollte, legte Bismarck in der entscheidenden Sitzung im Januar 1863 einen geradezu revolutionären Vorschlag auf den Tisch: «Nur in einer Vertretung, welche nach Maßgabe der Bevölkerung jedes Bundesstaats aus letzterer durch unmittelbare Wahl hervorgehe, könne die deutsche Nation das berechtigte Organ ihrer Einwirkung auf die gemeinsamen Angelegenheiten finden», erklärte der preußische Vertreter im Namen Bismarcks vor den in Frankfurt am Main versammelten Gesandten der Mitgliedsstaaten des Bundes. «Die Substanz der Reichsverfassung von 1849», die einst im Feuer preußischer Kanonen gegenstandslos geworden war, «und welche der ‹Nationalverein› zu seinem Programm erhoben hatte», machte Bismarck nun zu seiner Agenda. Die Abstimmung vom Januar 1863, nicht erst die Entwicklungen nach dem Sieg bei Königgrätz drei Jahre später, war so gesehen die «Ausgangsbasis des autoritär-liberalen Kompromisses» (Ernst-Rudolf Huber) der Reichsgründungsära.

An dieser Linie hielt Bismarck konsequent fest. In einer schließlich höchst dramatischen Auseinandersetzung mit seinem Souverän erteilte er im August des gleichen Jahres allen österreichischen Vorschlägen zur Reform des Deutschen Bundes erneut eine eindeutige Absage. So geschickt Österreich auch versuchte, die anderen Mächte, vor allem aber Preußen beim feierlich aufgezogenen Frankfurter Fürstentag mit seinem Vorschlag zu überrumpeln, so katastrophal war dann die Niederlage. Da half auch das Hissen der schwarz-rot-goldenen Flagge, erstmals nach der Revolution, nichts. Der österreichische Versuch, mithilfe der Bildung eines fünfköpfigen Direktoriums, in dem Preußen nur eine Stimme gehabt hätte, das preußische Drängen nach Gleichberechtigung auszuhebeln, war zu durchsichtig. Gleiches galt für die Zusammensetzung des föderativen Bundesrats, in dem Preußen ebenfalls leicht hätte überstimmt werden können.

Aus Bismarcks Sicht waren dies inakzeptable Ideen. Einmal mehr verknüpfte er bei seiner Antwort in geschickter Weise das Interesse Preußens an einer gleichberechtigten Stellung mit den Interessen der Nationalbewegung, indem er der von Österreich vorgeschlagenen Delegiertenversammlung die Forderung nach einer Nationalrepräsentation entgegensetzte. Angesichts der inneren Lage in Preußen wies die Nationalbewegung diesen Vorschlag entrüstet als unglaubwürdig zurück. Bemerkenswert ist in diesem Zusammenhang allerdings, dass die österreichische Reforminitiative ebenfalls öffentlich zurückgewiesen wurde – und zwar im Rahmen einer indirekten Zusammenarbeit von Nationalverein, preußischer und badischer Regierung. Ohne Preußen hatten aber auch die anderen Staaten wenig Interesse an dem österreichischen Vorschlag. Dieser verpuffte daher.

Die fehlende Nationalrepräsentation war nur einer der wunden Punkte der österreichischen Politik. Diese war ohnehin wenig zeitgemäß; ihre Attraktivität beruhte eher auf überlieferten Traditionen bzw. dem Misstrauen der Mittel- und Kleinstaaten wie auch der Nationalbewegung gegenüber Preußen als auf einem ausformulierten, zukunftsträchtigen und attraktiven Programm. Denn: bei näherem Hinsehen konnte Österreich eigentlich nichts bieten, waren seine Vorschläge zur Errichtung eines Staatenbundes, der den Erwartungen der Öffentlichkeit in keiner Weise Rechnung trug, vielmehr hoffnungslos rückwärtsgerichtet, konzeptionslos und anachronistisch. Im Prinzip war sich die Wiener Regierung über die Unmöglichkeit der Quadratur des Kreises, d.h. der Verbindung der Großmachtinteressen des in seinen Fugen krachenden Vielvölkerstaates mit dem Willen zur Aufrechterhaltung seiner historischen, der tatsächlichen Entwicklung immer weniger entsprechenden deutschen Rolle, auch im Klaren. Bereits im Sommer 1862, also noch vor Bismarcks Ernennung zum Ministerpräsidenten, hatte der österreichische Außenminister Bernhard v. Rechberg nach einer Sitzung des Ministerrates notiert: «Österreich sei aber immer im Nachteile, denn es seien nur zwei Alternativen denkbar, entweder, dass die Organisation Deutschlands ohne Österreich siege oder dass das großdeutsche Projekt das Übergewicht erlange und dass dann, wenn Österreich im Interesse der Einheit der Monarchie auf dasselbe nicht unbedingt eingehen würde, es mit seiner eigenen Partei brechen würde.» Die von Österreich propagierte großdeutsche Alternative als Antwort war insofern keine wirkliche Option im Vergleich zur kleindeutschen Konzeption Preußens; angesichts der realen Machtverhältnisse und der preußischen Blockadepolitik war die einzige Alternative: kein Deutschland.

Schleswig-Holstein-Krise und Krieg gegen Dänemark. Die Schleswig-Holstein-Krise bot Bismarck dann freilich die unerwartete Möglichkeit, aus der inneren Sackgasse gegenüber Österreich und der Nationalbewegung herauszumanövrieren und die notwendigen Vorleistungen in der nationalen Sache zu erbringen. Indem er den von der Änderung des Status der Herzogtümer in der dänischen Verfassung ausgelösten Sturm nationaler Entrüstung geschickt ausnutzte, gelang es ihm, Bewegung sowohl in die preußisch-österreichische Auseinandersetzung wie auch in die nationale Frage zu bringen. So sehr die Nationalbewegung Bismarcks Kurs auch ablehnte, so wenig ist zu übersehen, dass sich – vor allem in Preußen – ein Teil der Liberalen sehr wohl eine mögliche Annexion der Herzogtümer vorstellen konnte. Für eine Verständigung im weiterhin schwelenden Verfassungskonflikt reichte diese Entwicklung nicht aus. Es ist aber unverkennbar, dass die Eroberung der Herzogtümer der Ausgangspunkt für den sich allmählich vollziehenden Wandel des Bismarck-Bildes vom Reaktionär zum Reichsgründer markiert und zugleich eine tiefgehende Identitätskrise des politischen Liberalismus einleitete, der in diesem Konflikt in unübersehbarer Weise von Bismarck überspielt worden war.

Gleichwohl, die Bildung von über 900 Schleswig-und-Holstein-Vereinen innerhalb weniger Tage war nicht nur ein beeindruckender, sondern in hohem Maße auch ein symbolischer Akt. Diese Vereine, die die geplante Teilung der Herzogtümer ablehnten, hatten nicht die Absicht, sich auf friedliche Demonstrationen und Petitionen zu beschränken. Ihr Ziel war vielmehr, wie 1848 und wie zuletzt in Italien geschehen, die Entfesselung eines Nationalkrieges gegen Dänemark. Bereits am 24. November rief der Deutsche Nationalverein zur Bereithaltung von Mannschaften, Waffen und Geld auf.

Diese Bewegung gewann erheblich an Zulauf, als die dänischen Truppen Holstein räumten und zugleich, wenn auch eher zögerlich, der von einer Volksversammlung in Elmshorn nunmehr zum «Herzog» gewählte Friedrich VIII. von Augustenburg in Kiel quasi als Landesherr einzog und sich in einer Proklamation auf den Boden der Verfassung von 1848 stellte. Zu Tausenden versammelten sich die Massen nun und gaben ihrem Wunsch nach Bildung eines Herzogtums Schleswig-Holstein im Rahmen eines einigen Deutschlands, der Inkraftsetzung der demokratischen Verfassung von 1848 sowie der Einsetzung des Augustenburgers als Herzog Ausdruck. In Turnhallen begannen Freiwillige sogar, für den kommenden Krieg zu üben, und mit den gesammelten Spenden wurden seit Januar 1864 auch größere Mengen Waffen und Munition beschafft. Sosehr diese Massen sich engagierten und ihrem «Herzog» zujubelten, so wenig konnten sie letztlich die weitere Entwicklung beeinflussen.

Denn, wenn auch nicht die treibende, so aber doch die entscheidende Kraft in diesem Parallelogramm miteinander wetteifernder divergierender Interessen war der preußische Ministerpräsident, Bismarck. Am Silvesterabend 1863 legte er in privatem Kreis seine Motive dar: «Die ‹up ewig ungedeelten› müssen einmal Preußen werden. Das ist das Ziel, nach dem ich steuere; ob ich es erreiche, steht in Gottes Hand. Aber ich könnte nicht verantworten, preußisches Blut vergießen zu lassen, um einen neuen Mittelstaat zu schaffen, der am Bunde mit den andern immer gegen uns stimmen würde.»

So deutlich diese Formulierung auch war, so falsch wäre es freilich, die hier erwähnte Annexion als Bismarcks alleiniges Ziel zu bezeichnen. Im Gegenteil, ein Mittelstaat, allerdings von Preußens Gnaden, wie auch eine Personalunion der Herzogtümer mit Dänemark erschienen ihm durchaus akzeptabel. Um jedoch überhaupt eines dieser Ziele in dieser verworrenen Situation zu erreichen, verhielt Bismarck sich allerdings ganz anders als erwartet. Er selbst hat seine Politik später in der ihm eigenen bildhaften Sprache mit einer Schnepfenjagd verglichen, «bei der man sich auf sumpfigem Gelände immer erst der Tragfähigkeit des nächsten Grasbüschels versichern müsse, ehe man es wagen dürfe, den nächsten Schritt zu tun».

Was bedeutete dies nun konkret? Verblüffend für viele Zeitgenossen, die seine Politik im Innern wie auch nach außen mit Misstrauen beobachteten, ihm offen oder versteckt unterstellten, außenpolitische Krisen zu suchen, um von der desolaten inneren Lage abzulenken, stellte er sich auf den Boden des Rechts, nicht der nationalen Leidenschaften. Die Einhaltung der Londoner Vereinbarungen bildete für ihn die Leitlinie der Politik. Damit brachte er zwar die Nationalbewegung gegen sich auf, die sich von Preußens deutschem Beruf Unterstützung versprochen hatte und sich von Bismarck nun verraten fühlte.

Gleichwohl, allein diese Position bot nach Meinung des preußischen Ministerpräsidenten die Gewähr, ähnlich wie 1848 die anderen Großmächte aus dieser Angelegenheit herauszuhalten und ein politisch gleichermaßen wichtiges Einvernehmen mit Österreich herzustellen. Konsequent machte Bismarck daher Front gegen alle Versuche der Mittelstaaten, den Deutschen Bund als Hebel für eine Realisierung der Wünsche des Augustenburgers bzw. gar der Nationalbewegung zu benutzen. Diese, wie er verächtlich formulierte, «im Netze der Vereinsdemokratie» gefangenen Staaten hatten seiner Meinung nach kein Recht, den Bund auf dem Feld der internationalen Politik ins Spiel zu bringen. Dieses Recht stand allein den beiden Großmächten zu, die – nach den Ereignissen des Sommers, als Bismarck den österreichischen Monarchen schwer düpiert hatte – in seltener Einigkeit an einem Strang zogen. Der bayerische Ministerpräsident klagte daher zu Recht, «so setzt man uns das Messer an die Kehle», doch gegenüber zwei einigen Großmächten waren die anderen Mitglieder des Bundes hilflos. Preußen konnte durch diese Politik nur gewinnen, Österreich, das im Norden keine Interessen hatte, eigentlich nur verlieren; es hatte aber, da es die Sprengkraft der nationalen Sache für den eigenen Vielvölkerstaat zu fürchten hatte, letztlich keine andere Wahl. Das rechtlich wie auch politisch Besondere daran war, dass der Anspruch der beiden Mächte, im Zweifel allein für den Bund zu entscheiden, grundsätzlich auch dahingehend umformuliert werden konnte, dass in letzter Instanz nur noch eine alles entschied – und das konnte, nach Lage der Dinge, dann nur Preußen sein.

Außenpolitisch war dieses Konzept erfolgreich: Ungeachtet aller Mehrheitsbeschlüsse des Bundestages forderten Österreich und Preußen Dänemark am 16. Januar 1864 auf, die Novemberverfassung aufzuheben; am 1. Februar besetzten sie zunächst Schleswig – «als Pfand», wie es euphemistisch hieß; am 8. März drangen sie nach Jütland vor, wo der Krieg mit der Eroberung der Düppeler Schanzen am 18. April zunächst sein vorläufiges Ende fand. Entscheidend war, dass dieser Krieg nach außen als Maßnahme zur Wiederherstellung des 1850/52 in London vereinbarten Rechtszustandes deklariert werden konnte, ein Mittel, das allen fremden Interventionen die Grundlage entzog, auch wenn dieses Bekenntnis zunehmend weniger glaubwürdig wirkte.

Dieses Ziel war allerdings spätestens seit der Jahreswende 1863/64 tatsächlich weitgehend vorgeschoben. In seinen Auseinandersetzungen mit dem preußischen Gesandten in Paris, dem Grafen von der Goltz, wie auch mit dem preußischen König machte Bismarck in diesen Wochen deutlich, dass sein tatsächliches Ziel nicht die Integrität der dänischen Monarchie unter den Bedingungen des Londoner Protokolls, sondern die Vereinigung der Elb-Herzogtümer mit Preußen war. «Die großen Krisen bilden das Wetter, welches Preußens Wachstum fördert, indem sie furchtlos, vielleicht auch sehr rücksichtslos von uns benutzt wurden.» Wesentlicher Bestandteil dieser Grundüberzeugung war das Axiom, dass, anders als es der schwankende Monarch und von der Goltz zu glauben schienen, «unsere Stärkung […] nicht aus Kammern- und Presspolitik, sondern nur aus waffenmäßiger Großmachtpolitik hervorgehen kann, und wir haben nicht nachhaltiger Kraft genug, um sie in falscher Front und für Phrasen und Augustenburg zu verpuffen.»

Deutlicher konnte Bismarck seine Überzeugung kaum formulieren. Taktisch geschickt nutzte er die sich bietenden Möglichkeiten aus, um das angestrebte Ziel zu erreichen. Viele Umstände kamen ihm dabei zweifellos zu Hilfe. Ausschlaggebend war neben der dänischen Intransigenz bei den Verhandlungen, dass England, entgegen allen Hoffnungen Christians IX., keinen europäischen Krieg wegen dieser Frage riskieren wollte.

Mit seiner Strategie überspielte Bismarck die Opposition wie auch den Herzog von Augustenburg. Zugleich setzte er alles daran, durch administrative Maßnahmen, initiierte Petitionen für einen Anschluss der Herzogtümer an Preußen und gezielte Propaganda den Boden für deren Einverleibung zu bereiten.

Krieg gegen Österreich. Mit der Loslösung der Herzogtümer von Dänemark im Wiener Frieden von 1864 war die Schleswig-Holstein-Frage keineswegs gelöst. Im Gegenteil, deren Lösung wurde seit dem Sommer 1864 vielmehr der Hebel, auch die Deutschlandfrage im preußischen Sinne zu lösen. Vorübergehende Ausgleichsversuche und tatsächliche Kompromisse mit Österreich wie das Abkommen von Bad Gastein über die Aufteilung der Herzogtümer – Holstein zu Österreich, Schleswig zu Preußen – können darüber nicht hinwegtäuschen. Seit Ende 1865/Anfang 1866 standen die Zeichen daher auf Krieg, einen «Bruderkrieg», wie die Öffentlichkeit mit Schrecken und Abscheu feststellte. Der preußische Kronrat vom 28. Februar 1866 gilt als Beleg dafür, dass Preußen schon früh zum Krieg entschlossen gewesen sei: «Preußen sei die einzige lebensfähige Schöpfung, die aus den Ruinen des alten deutschen Reiches hervorgegangen sei, und hierauf beruhe sein Beruf, an die Spitze von Deutschland zu treten. Österreich habe das nach diesem Ziel gerichtete natürliche und wohlberechtigte Streben Preußens aus Eifersucht von jeher bekämpft, indes es die Führung Deutschlands, obwohl selbst dazu unfähig, Preußen nicht gegönnt habe», so die Argumentation Bismarcks in der Sitzung.

Das auf drei Monate befristete Bündnis zwischen Preußen und Italien, Bismarcks Versuche, heimlich die Ungarn zum Aufstand anzustacheln, sowie seine vielfältigen diplomatischen Aktivitäten sind als Belege dafür angeführt worden, dass der preußische Ministerpräsident diesen Krieg, den er auch zur Sicherung seiner eigenen Stellung nötig gehabt habe, skrupellos vorbereitet habe. Bismarck, so haben jüngst Winfried Baumgart und mit ihm andere Historiker behauptet, habe den Krieg nicht nur gewollt, «sondern systematisch und mit unbeugsamem Willen vorbereitet, ja ihn geradezu entfesselt».

Diese Deutung übersieht, dass Österreich bereits vor der Sitzung des preußischen Kronrats Preußen unüberhörbar gedroht hatte: «Österreich sei keine Macht, die sich ohne Schwertstreich an Ehre, Einfluss und Ansehen verkleinern und aus wohlerworbenen Stellungen verdrängen» lasse, hatte es in einer in Berlin überreichten Note vom 7. Februar geheißen. Auf Kriegsvorbereitungen hatte Kaiser Franz Joseph dann allerdings doch verzichtet. Gleichwohl, für beide Seiten stand seitdem der «Bruderkrieg» als immer realistischere Option im Raum. Geradezu genüsslich provozierten sich beide Seiten, verstärkten ihre Rüstungen, suchten nach Bundesgenossen und rechtfertigten die eigene Haltung in der Öffentlichkeit und gegenüber anderen Großmächten nach Kräften.

So erklärte der österreichische Außenminister Alexander Graf v. Mensdorff-Pouilly dem britischen Gesandten Anfang Juni, warum er keine Möglichkeit sah, dem kommenden Krieg auszuweichen: «Dieser Krieg könnte zu einer Aufteilung, wenn nicht überhaupt zur Zerstörung Österreichs führen. Dieses muss all seine Rechte ausschöpfen, um sich zu verteidigen, oder in diesem Kampf untergehen. Österreich ist entschlossen, das Nationalitätenprinzip nicht anzuerkennen, das als Argument vorgeschoben wurde, es zu veranlassen, Venetien abzutreten. Was ist denn die österreichische Monarchie? Ein Vielvölkerstaat. [...] Tatsächlich sind wir zu einer Haltung entschlossen, die auf der Verteidigung unserer Prinzipien und unserer auf den Verträgen basierenden Rechte beruht.»

In dieser Argumentation liegt im Grunde der Schlüssel zum Verständnis für das Scheitern des Versuchs einer Quadratur des Kreises. Vor diesem Hintergrund erscheint die Deutung des Historikers Eberhard Kolb plausibel. Danach war Preußen keineswegs kriegslüstern. Ein politischer Kompromiss war vielmehr bis zuletzt möglich und wurde angesichts der unkalkulierbaren Risiken dieses Krieges auch von Bismarck durchaus als erstrebenswerte Alternative betrachtet. Eine Teilung der Herrschaft mit Österreich, nicht – wie man aufgrund der Tatsache, dass Bismarck im April 1866 erneut die «nationale Karte» spielte, unterstellte – die kleindeutsche Lösung unter preußischer Führung war auch jetzt noch sein primäres Ziel. Dass ein Kompromiss dann nicht zustande kam, lag nicht allein am preußischen Willen, die eigene Machtstellung in Norddeutschland zu stärken. Verantwortlich dafür war auch die fehlende Einsicht in Wien, dass es staatspolitisch kaum noch verantwortbar war, an dem überlieferten Erstgeburtsrecht in Deutschland festzuhalten. Dies war kaum weniger unmoralisch als die preußische Politik der gezielten Machterweiterung.

Am Ende wurde der Konflikt mit Österreich daher doch militärisch ausgetragen. Am 9. Juni 1866 rückten preußische Truppen in Holstein ein, am 10. Juni stellte Preußen einen Reformantrag, der Österreich de facto aus dem Deutschen Bund ausschloss. Als Reaktion mobilisierte dieses die Bundestruppen – der Bundesvertrag war damit für Preußen gebrochen. Nun begann der Krieg. Während die norddeutschen Staaten sich weitgehend auf die Seite Preußens schlugen, kämpften die süddeutschen, wenn auch, wie Bayern, eher widerwillig, sowie

Hannover und Sachsen mit Österreich. Nach ersten Kämpfen bei Langensalza sowie der Besetzung Sachsens und Kurhessens durch preußische Truppen kam es nach weiteren Gefechten in Böhmen am 3. Juli zur Schlacht von Königgrätz. Preußen gewann diese – und am Ende auch den Krieg, der sich entlang des Mains noch bis Ende Juli hinzog. Das berühmte Zündnadelgewehr, die strategisch erfolgreiche Aufmarschplanung und das taktische Geschick des preußischen Generalstabschefs, Helmuth v. Moltke, vor allem aber das überlegene Operieren auf dem Gefechtsfeld hatten den Ausschlag gegeben. Der Preis war allerdings hoch: Preußen und seine Verbündeten hatten in den wenigen Wochen Krieg den Verlust von 350 Offizieren (davon 99 gefallen) sowie 8794 Mannschaften (davon 1830 gefallen) zu beklagen. Die Verluste auf österreichischer Seite waren erheblich höher: 1313 Offiziere (davon 330 gefallen) und 41 499 Soldaten (davon 5328 gefallen).

«Cacsa il mondo, casca il mondo» – die Welt stürzt zusammen, hatte Kardinalstaatssekretär Giacomo Antonelli ausgerufen, als er von der österreichischen Niederlage bei Königgrätz erfuhr. Aber: stürzte die Welt wirklich zusammen?

4 Ein erster Schritt? Der Norddeutsche Bund und das Zollparlament

Der preußisch-österreichische Krieg und Europa. Anders als Kardinalstaatssekretär Antonelli befürchtet hatte, brach dic Welt nach dem preußischen Sieg nicht zusammen. Um intervenieren zu können, war der Krieg ohnehin viel zu schnell verlaufen. Vor allem Napoleon III., der bis zuletzt taktiert, sich dann auf die Seite Österreichs geschlagen hatte, weil er hoffte, davon am meisten profitieren zu können, sollte dieses Ergebnis nach den diplomatischen Schlappen 1863 und 1865 als erneute Niederlage empfinden. Wie zuvor in der polnischen Krise als auch während des Deutsch-Dänischen Krieges hatte er gehofft, aus seinem Verhalten politisches Kapital schlagen und als lachender Dritter weiterhin Europa dominieren zu können. Doch diese Rechnung war nicht aufgegangen. «C'est nous qui avons été battus à Sadowa» («Wir sind diejenigen, die tatsächlich bei Sadowa [tschechisch für Königgrätz] geschlagen worden sind»), wetterte der französische Kriegsminister Marschall Jacques-Louis Randon in diesen Tagen. Damit gab er eine Deutung vor, die bald zum geflügelten Wort werden und Napoleons Politik schließlich in den Abgrund führen sollte: «Rache für Sadowa!» Dies galt umso mehr, als Bismarck alle französischen Kompensationsforderungen am Rhein, in Luxemburg und in Belgien geschickt unterlief.

Und die anderen Mächte? Italien, das im Frühjahr 1866 ein auf drei Monate befristetes Offensivbündnis mit Preußen geschlossen hatte, um die eigene nationale Einigung voranzutreiben, gehörte trotz der Niederlagen bei Custozza und Lissa zu den Gewinnern. Es erhielt nun das lange ersehnte Venetien von Österreich. Russland hatte sich neutral verhalten trotz zeitweiliger Sympathie für Österreich und des Willens, Veränderungen in Europa nur im Rahmen eines Kongresses zuzulassen. Die österreichische Annäherung an Frankreich hatte jedoch vorhandene Sorgen vor einem Aufwerfen der Polenfrage und Orientfragen zuungunsten Russlands bestärkt. Nach manchem Hin und Her stellte Russland sich hinter Preußen. Und England: auch dort gab es Stimmen, die ihre Genugtuung über das Ende der alten österreichischen Herrschaft von der Eider bis Brindisi nicht verbergen konnten – von dem Willen, sich in die kontinentalen Belange getreu der Devise «No intervention!» nicht mehr als nötig einzumischen, der Dringlichkeit innerer Reformen sowie der Vorrangigkeit des Empire ganz abgesehen.

Frieden. Auf dem Schlachtfeld zu siegen ist das Eine, anschließend Frieden zu schließen das Andere. Im Gegensatz zu den preußischen Generalen, aber auch zu König Wilhelm I. war Bismarck bestrebt, den Krieg schnell zu beenden. Eine demütigende Niederlage Österreichs durch eine Fortführung des Krieges bis hin zur Eroberung Wiens erschien ihm politisch unklug.

Bei einem maßvollen Frieden konnte Österreich mittelfristig vielleicht sogar wieder zum Partner in Europa werden. Hinzu kam: Je länger der Krieg dauerte, umso größer war die Gefahr, dass andere Mächte intervenierten und Preußen möglicherweise zur Teilnahme an einem Friedenskongress drängten, dessen Ausgang nicht kalkulierbar war. Russland hatte derartige Vorschläge zwischenzeitlich unterbreitet, wenn auch zunächst ohne Erfolg.

Am Ende setzte Bismarck sich mit dieser Strategie gegen jene durch, die im «Siegesrausch» viel weitgehendere Pläne gemacht hatten. Bereits am 26. Juli, drei Wochen nach Königgrätz, schlossen Österreich und Preußen den Vorfrieden von Nikolsburg, einen Monat später (23. August 1866) den Frieden von Prag. Österreich musste darin Venetien abtreten, ebenso seine Rechte am Herzogtum Schleswig. Viel entscheidender war jedoch Artikel II des Vertrages. Darin stimmte Österreich der «Auflösung des bisherigen deutschen Bundes» und «einer neuen Gestaltung Deutschlands ohne Beteiligung» Österreichs zu. Ebenso versprach Österreich, «das engere Bundesverhältnis anzuerkennen, welches Seine Majestät der König von Preußen nördlich von der Linie des Mains begründen wird», und erklärte sich «einverstanden, dass die südlich von dieser Linie gelegenen deutschen Staaten in einen Verein zusammentreten, dessen nationale Verbindung mit dem norddeutschen Bunde der näheren Verständigung zwischen beiden vorbehalten bleibt». Auch die zeitgleichen Annexionen bisheriger Bundesstaaten – Hannover, Kurhessen und Hessen-Nassau sowie der Freien Stadt Frankfurt am Main – nahm Österreich hin. Allein die vollständige Annexion Sachsens konnte es verhindern. Viele Konservative, einschließlich König Wilhelm, taten sich mit diesen Forderungen Bismarcks unendlich schwer, verletzte er damit doch das von ihnen geradezu als «heilig» betrachtete Prinzip der Legitimität. Doch in dieser Frage rangierte für Bismarck wie auch in anderen Fällen Macht vor Recht, Interesse vor monarchischem Prinzip.

Auf dem Weg zur Einheit? Im Gegensatz zu jenen Staaten, die Preußen 1866 annektierte, um damit nicht zuletzt seine bisher abgetrennten Gebiete im Westen mit seinen östlichen Teilen zu vereinen, kamen die übrigen großen Staaten, die auf österreichischer Seite gekämpft hatten, glimpflich davon. Die Sorge, Frankreich könne bei zu hartem Vorgehen doch noch intervenieren, gab hier ebenso den Ausschlag wie Bismarcks Wille, die antipreußischen Ressentiments im Süden nicht zu schüren. Es blieb bei kleineren Grenzkorrekturen; Bayern musste allerdings eine Kriegsentschädigung in Höhe von 30 Millionen Gulden zahlen, doch auch dieser Betrag hielt sich in Grenzen.

Viel entscheidender für die Zukunft waren die Schutz- und Trutzbündnisse, die Preußen und die süddeutschen Staaten noch im August 1866 schlossen. Einerseits sicherten sich die Partner darin die gegenseitige Integrität ihrer Territorien zu. Andererseits verpflichteten sie sich zur gegenseitigen militärischen Unterstützung im Falle eines Krieges. Da es sich um reine Defensivallianzen handelte, gab es keinen Automatismus bei einem Krieg, zumal mit Frankreich. Wie die Realität dann aussehen würde, war allerdings eine andere Frage.

Parallel betrieb Bismarck die Gründung des Norddeutschen Bundes. Grundlage waren der Frieden mit Österreich sowie die Augustverträge mit den Staaten Norddeutschlands. Um diesen zu bilden, fanden im Februar 1867 Wahlen nach dem Wahlrecht der Verfassung von 1849 statt. Alle Männer über 25 durften in einer allgemeinen Wahl direkt, gleich und geheim abstimmen. Das war revolutionär. Dennoch, die Revolution insgesamt war von oben gemacht worden. Was dies konkret bedeutete, wird bei der Diskussion der Reichsverfassung von 1871 noch zu zeigen sein. Dennoch reagierte die Nationalbewegung zustimmend. Eines ihrer wichtigsten Ziele, die Einheit, war, wenngleich mit «Eisen und Blut», nicht mit der Macht der Stimmen von Abgeordneten, wie von Bismarck 1862 verkündet, auf den Weg gebracht worden.

Dass die Einheit das Ziel war, hatte König Wilhelm I. bereits anlässlich der feierlichen Eröffnung des norddeutschen Reichstages am 24. Februar 1867 im Weißen Saal des Berliner Schlosses deutlich gemacht: «Meine Herren! Ganz Deutschland, auch über die Grenzen unseres Bundes hinaus, harrt der Entscheidungen, die hier getroffen werden sollen. Möge durch unser gemeinsames Werk der Traum von Jahrhunderten, das Sehnen und Ringen der jüngsten Geschlechter der Erfüllung entgegengeführt werden.»

Bismarck sah dies kritischer. Zwar nutzte er die Dynamik, zumal der Beratungen über die Rolle des «Bundeskanzlers», um seine eigene Position zu stärken. Ob ihn aber zu diesem Zeitpunkt der «Wille zu Deutschland» (Thomas Nipperdey) antrieb, ist fraglich. Die Umwandlung des Deutschen Zollvereins, der seit seiner Gründung 1834 unter preußischer Führung dessen Stellung in Deutschland gestärkt hatte, in einen Zollbundesstaat wies zwar ebenfalls in diese Richtung. Aber wann dies sein würde, war mehr als offen: «Erreicht Deutschland sein Ziel noch im 19. Jahrhundert», beteuerte er 1868 betont zurückhaltend, «so erscheint mir das etwas Großes, und wäre es in zehn oder gar fünf Jahren, so wäre das etwas Außerordentliches.»

Die Lage war in dieser Hinsicht allerdings widersprüchlich. So scheiterten die Verhandlungen über einen Südbund, der vielleicht ein Eigenleben hätte entwickeln können, an den latenten Gegensätzen der süddeutschen Staaten untereinander. Vor allem das Misstrauen gegenüber Bayern war relativ groß. Baden wiederum hatte gar kein Interesse an einem Südbund, sondern strebte von vornherein einen Anschluss an den Norddeutschen Bund an. Aber selbst in Bayern gab es, trotz aller Ressentiments gegenüber Preußen, Vertreter einer engeren Verbindung. Diese sollte keinen föderalen Charakter haben. «Was wir wollen», so der bayerische Ministerpräsident Chlodwig Fürst v. Hohenlohe-Schillingsfürst im Oktober 1867, «das ist die nationale Verbindung der süddeutschen Staaten mit dem Norddeutschen Bunde und damit die Einigung des zur Zeit getrennten Deutschlands in der Form eines Staatenbundes.»

Freilich: Die Verhandlungen über die Angleichung des Militärwesens zwischen Nord und Süd im Zuge der Umsetzung der Schutz- und Trutzbündnisse trugen aufgrund der damit verbundenen Kosten, aber auch der Eingriffe in überlieferte Beziehungen zwischen Militär und Gesellschaft – die Einführung der Wehrpflicht war dafür nur ein Beispiel – zu den Erfolgen der Partikularisten bei den Wahlen zum Zollparlament in Bayern bzw. Württemberg 1870 bei. Der Sturz der preußenfreundlichen bayerischen Regierung unter Hohenlohe-Schillingsfürst im Februar desselben Jahres war insofern auch Menetekel für eine politische Wetterwende. Wenn der Wortführer der Patriotenpartei in Bayern, Edmund Jörg, die Bündnisse als «Quelle» bezeichnete, aus welcher sich das Unheil des Militarismus über die einst so glücklichen Länder Süddeutschlands ergieße, dann sprach er das aus, was viele im Süden empfanden. Warnungen davor, bei einer Einigung zu Vasallen Preußens zu werden, oder plakative antipreußische Formeln wie «Steuern zahlen [...], Soldat werden [...], Maul halten» verfehlten ihre Wirkung nicht. Es gab auch andere Stimmungen: «Mitbürger! Die Ereignisse des Jahres 1866 haben den Weg zur ersehnten Einigung des Vaterlandes gebahnt. 30 Millionen Deutsche sind unter der Verfassung des Norddeutschen Bundes geeint; noch fehlen die vier süddeutschen Staaten. Dass der norddeutsche Bund zum deutschen Bund, dass das Zollparlament zum deutschen Parlament werde, ist ein Verlangen, dessen Erfüllung wesentlich von uns Süddeutschen selbst abhängt», hatte es im Wahlaufruf der «Deutschen Partei» 1868 geheißen.

Aufgrund dieser Entwicklungen und Stimmungen verhielt Bismarck sich daher vorsichtig abwartend: «Dass die deutsche Einheit durch gewaltsame Ereignisse gefördert werden würde, halte auch ich für wahrscheinlich. Aber eine ganz andere Frage ist der Beruf, eine gewaltsame Katastrophe herbeizuführen, und die Verantwortlichkeit für die Wahl des Zeitpunkts. [...] Wir können die Uhren vorstellen, die Zeit geht aber deshalb nicht rascher, und die Fähigkeit zu warten, während die Verhältnisse sich entwickeln, ist eine Vorbedingung praktischer Politik», hatte er angesichts der antipreußischen Stimmung im Februar 1869 an den preußischen Gesandten in München geschrieben. In dieser Auffassung jedoch bereits, wie manche Historiker glauben, die Absicht zu erkennen, diesen Krieg bei passender Gelegenheit herbeizuführen, ist nicht überzeugend. Dazu war die Lage viel zu unübersichtlich; zudem waren Kriege auch gar nicht planbar. Ganz abgesehen davon: Bismarck war mit dem Erreichten durchaus zufrieden. In seinen Augen stagnierte die Entwicklung auch nicht, da es gar keinen Zeitdruck gab, die Einheit schnell zu vollenden. Seit 1866 waren gerade einmal vier Jahre vergangen. Und das Zollparlament leistete in den Jahren seiner Existenz zwischen 1868 und 1870 durchaus grundlegende Arbeit. Vieles davon sollte sich in der Reichsverfassung von 1871 wiederfinden.

Wandel im Innern. Ein Grund für Bismarcks Zufriedenheit war auch der eingetretene Wandel im Innern. Nach Jahren des Konflikts konnte er erstmals nicht nur nach außen, sondern auch im Innern Erfolge verzeichnen. Am Tage der Schlacht von Königgrätz war in Preußen ein neues Parlament gewählt worden. Ohne dass das Ergebnis der Schlacht bekannt war, hatten die Konservativen erstmals wieder große Stimmengewinne zu verzeichnen. Nun verfügten sie über stolze 142 Mandate anstelle von gerade einmal 28 im alten Landtag; die Liberalen hingegen entsandten nur noch 148 anstelle von 253.

Dieses Resultat spiegelte den Stimmungswandel in Preußen ebenso wider wie das Umdenken vieler Liberaler, teilweise sogar über Nacht. Am 1. Mai 1866 hatte der liberale Göttinger Rechtsgelehrte Rudolf v. Ihering noch notiert: «Mit einer solchen Schamlosigkeit, einer solchen grauenhaften Frivolität ist vielleicht noch nie ein Krieg angezettelt worden wie der, den Bismarck gegenwärtig gegen Österreich zu erheben versucht. Das innerste Gefühl empört sich über einen solchen Frevel an allen Grundsätzen des Rechts und der Moral.» Mitte August hatte Ihering seine Meinung vollkommen geändert: «Ich beuge mich», schrieb er Mitte August 1866 an einen Freund, «vor dem Genie eines Bismarck. […] Wie wunderbar hat der Mann alle Fäden des großartigen Gewebes gesponnen, wie fest und sicher, dass keiner derselben riss, wie genau hat er alle Mittel und Hebel gekannt und benutzt. […] Ich gebe für einen solchen Mann der Tat […] hundert Männer der liberalen Gesinnung, machtlosen Ehrlichkeit.» Dies war ein bemerkenswerter Wandel, doch so erstaunlich, wie es scheint, war er wiederum nicht, wenn man Bismarcks Verhalten gegenüber der Nationalbewegung im Frühjahr 1866 und deren Reaktion mit in Betracht zieht. Bereits im April 1866 hatte Bismarck sich bemüht, durch Vorschläge zur Bundesreform, deren Kernbestandteil eine auf der Grundlage des allgemeinen Stimmrechts zu wählende Nationalrepräsentation war, den Boden für diesen Stimmungsumschwung zu bereiten. So verurteilte der nationale Abgeordnetenkongress die preußische Politik auch nur scheinbar, war doch die Aufforderung an die Mittelstaaten, im Kriegsfall neutral zu bleiben, «durchaus im preußischen Sinne gemeint», wie einer der liberalen Führer, Wilhelm Wehrenpfennig, sich ausdrückte. Im Mai hatte Bismarck sich darüber hinaus mit dem Vorsitzenden des Nationalvereins, Rudolf v. Bennigsen, getroffen und mit diesem die Umrisse eines Kompromisses vereinbart: Berufung eines nationalen Parlaments entsprechend der revolutionären Wahlgesetze von 1849, im Gegenzug Beilegung des Verfassungskonflikts und konstruktive Mitarbeit am Aufbau der neuen Ordnung. Zunächst waren dies relativ vage Abmachungen gewesen, da Bismarck sich bis zuletzt nicht auf den Krieg und damit das «Abenteuer der Revolution von oben» festgelegt hatte; dass der preußische Ministerpräsident sich letztlich aber für die militärische Variante entschied, wurde durch diese Konstellation erheblich erleichtert.

Bismarck erwies sich daher nicht nur gegenüber Österreich und den süddeutschen Staaten als großzügiger Sieger; auch nach innen nutzte er den Sieg auf dem Schlachtfeld keineswegs aus. «Soll Revolution sein, so wollen wir sie lieber machen als erleiden», schrieb er in den Tagen nach Königgrätz an General Edwin v. Manteuffel, der, wie viele seiner hochkonservativen Standesgenossen, die Gunst der Stunde nutzen und das Parlament, wenn nicht die Kräfte des Wandels insgesamt zurückdrängen wollte. Statt das Parlament und die Kräfte der Moderne zurückzudrängen, bat er dieses – und dies war nach allem, was geschehen war, in gewisser Weise ein revolutionärer Akt – um Indemnität. Seine Bitte war zwar in vielerlei Hinsicht verklausuliert und kein wirkliches Eingeständnis, die Verfassung gebrochen zu haben, sie war aber ein Zeichen, dass Bismarck den Kompromiss, nicht den Konflikt suchte.

Die Liberalen haben dieses «Angebot» honoriert, sind dabei freilich auch innerlich zerbrochen. Im Zuge der Debatte über die Indemnitätsvorlage spaltete sich die Deutsche Fortschrittspartei, das Herz der liberalen Opposition gegen Bismarck. Sie wollten dabei sein, mitgestalten. «Die Zeit der Ideale ist vorüber», hieß es in der Rede eines ihrer Führer, Johannes v. Miquel, anlässlich der Wahlen zum konstituierenden norddeutschen Reichstag Ende Dezember 1866. «Die deutsche Einheit ist aus der Traumwelt in die prosaische Welt der Wirklichkeit hinuntergestiegen. Politiker haben heute weniger als je zu fragen, was wünschenswert, als was erreichbar ist.» Es wäre allerdings falsch, das Verhalten des liberalen Bürgertums in Anlehnung an ältere Interpretationen als «Kapitulation» bzw. «Tragödie des Liberalismus» zu bezeichnen und es – im Wissen dessen, was später kam – dementsprechend in Bausch und Bogen zu verdammen, ja als die entscheidende Zäsur in der deutschen Geschichte zu interpretieren. Es sei schon «ein wunderbares Gefühl, dabei zu sein, wenn die Geschichte um die Ecke biegt», notierte selbst der sonst eher kritische Historiker Theodor Mommsen in diesen Monaten. Damit offenbarte auch er einen pragmatischen Zug, der das Denken vieler Liberaler jenseits aller Begeisterung und allen Opportunismus auch kennzeichnete. Das Wahlergebnis gab ihnen recht. Mit 80 Sitzen war die Fraktion der Nationalliberalen, wie die Unterstutzer der Bismarck'schen Politik nun hießen, viermal so stark wie die der alten Deutschen Fortschrittspartei, die nur auf 19 Abgeordnete zählen konnte. Dieses Ergebnis war umso bemerkenswerter, als der Reichstag nach dem Wahlrecht von 1849 gewählt worden war: Alle Männer über 25 hatten in freier, geheimer, gleicher und direkter Wahl abstimmen können. Dass diesem Wahlrecht ein subtiles Kalkül Bismarcks zugrunde lag, sei der Vollständigkeit halber an dieser Stelle wenigstens vermerkt: Er wollte damit nicht nur den mittelstaatlichen Partikularismus ausstechen, indem er dessen Vertreter unter den Druck der nationalen Parteien setzte, sondern auch die ländlichen, der Monarchie gegenüber loyalen Massen gegen die Liberalen mobilisieren. Entgegen den ursprünglichen Zielvorstellungen der «Väter» der preußischen Verfassung von 1850 hatte sich das Dreiklassenwahlrecht aufgrund des wachsenden Wohlstands bürgerlicher Schichten als untaugliches Instrument zur Einhegung der Liberalen und des politischen Wandels erwiesen.

Aufgrund der gegebenen, engen Handlungsspielräume – die einzige erfolgversprechende Alternative: eine Revolution, kam nach den Erfahrungen von 1848 nicht in Betracht – hatten allerdings weder die Nationalliberalen noch die prinzipientreuen Linksliberalen – deren Gegensätze im Übrigen nicht so scharf waren wie häufig angenommen – eine realistische Alternative zu einer Politik der begrenzten Zusammenarbeit mit Bismarck. Der «Vereinbarungsparlamentarismus» des norddeutschen Reichstags, der in hohem Tempo eine – wenn auch gebremste – Modernisierung von Wirtschaft und Gesellschaft zur Folge hatte, nährte zudem nicht zu Unrecht die Hoffnung, dass sich der ungebrochene optimistische Glaube an eine liberale Zukunft, die Hoffnung auf eine zweite Chance, d.h. die Regierungsbeteiligung in Berlin, in nicht allzu ferner Zeit erfüllen würde. Obwohl zentrale Bereiche staatlichen Handelns – Diplomatie, Militär und Verwaltung – dem Zugriff des Parlaments entzogen blieben, erschien die Situation offen.

Die Verfassung von 1867, die in manchem über das hinausging, was Bismarck vorgeschwebt hatte, und die wider Erwarten teilweise auch an die verfemte Tradition von 1848/49 anknüpfte, war, so urteilte einer der liberalen Führer, Rudolf v. Bennigsen, in diesen Tagen durchaus zu Recht, ein «verbesserungsbedürftiges, aber auch verbesserungsfähiges Werk». Aus dem Gefühl der Stärke, das in Bennigsens Äußerung enthalten ist, und getragen von einer regelrechten «Zukunftssicherheit» (Dieter Langewiesche) trieben die Liberalen nach 1866 bis in das erste Reichsgründungsjahrzehnt hinein den inneren Ausbau voran – trotz aller Einschränkungen. Sie taten dies umso mehr, als einerseits die Wahlergebnisse ihren Anspruch zu bestätigen schienen, die Anliegen der gesamten Gesellschaft zu repräsentieren. Andererseits hatten sie aufgrund der faktischen Politik den Eindruck, dass sie tatsächlich Regierungspartei waren und eine rechtliche Fixierung der Parlamentarisierung demnach gar nicht notwendig sei – ein Trugschluss, wie sich allerdings Jahre später herausstellen sollte. Es sei an dieser Stelle freilich auch angemerkt, dass die Liberalen in ihrem Optimismus nicht nur das Eigengewicht von preußischer Aristokratie und Bürokratie, von Militär und Kastengeist unterschätzten, sondern dass ein Teil von ihnen mit dem erreichten Zustand durchaus auch zufrieden war. Durch die preußische Handelspolitik materiell saturiert, fanden sie es an der Zeit, die politischen Machtansprüche der Bourgeoisie zu begraben: «Der Bürger ist geschaffen zur Arbeit, aber nicht zur Herrschaft, und des Staatsmanns wesentliche Aufgabe ist zu herrschen», hatte der Historiker Hermann Baumgarten 1866 kritisch konstatiert und damit eine Haltung angedeutet, die sich später im Kaiserreich als Bürde bei der weiteren Parlamentarisierung und Demokratisierung und damit als eine wesentliche Stütze des Status quo erweisen sollte.

Nationalkrieg? Spätestens seit 1866 war Frankreich eine wichtige Variable im Prozess der Einigung. Das Ergebnis der Schlacht von Königgrätz war, wie gesehen, aus französischer Sicht eine Demütigung. Napoleon III. hatte zwar durchsetzen können, dass Preußen nicht in den Süden ausgriff; aber nach dem Desaster seiner Mexiko-Politik, wo seine Intervention zwar die Einsetzung eines Habsburgers, Erzherzog Maximilians, zum Kaiser zur Folge gehabt hatte, dieser sich dann aber nicht gegen die Revolutionäre hatte behaupten können und am Ende von diesen sogar hingerichtet worden war, brauchte er dringend vorzeigbare Erfolge, um seine eigene Herrschaft zu sichern. Alle Versuche, diese zu erreichen, scheiterten. In geradezu grandioser Weise überspielte Bismarck Napoleon III. mehrfach bei Versuchen, sich am Rhein, in Belgien oder in Luxemburg schadlos zu halten. Seine Entscheidung, 1866 entgegen dem Rat mancher Generale nicht auf Krieg gesetzt zu haben, rächte sich. Einmal mehr hatte sich Bismarck als gewiefter und skrupelloser Taktiker erwiesen, als er Napoleon vorführte, indem er dessen Geheimverhandlungen über einen Verkauf Luxemburgs in die Öffentlichkeit lancierte. Diese reagierte nicht nur – wie erhofft – empört über den Verkauf deutschen Landes, sondern er rief damit letztlich auch die anderen Mächte auf den Plan. Statt französisch zu werden, garantierten nun alle Großmächte Luxemburgs Neutralität wie die Belgiens. Ähnlich verliefen Napoleons Bestrebungen 1868/69, durch Kauf zweier Eisenbahnlinien stärkeren Einfluss in Belgien zu erlangen. Auch hier scheiterte er, weil, so die französische Deutung, die Regierung in Brüssel auf Druck Berlins eingegriffen hatte. War ein Krieg zwischen Preußen und Frankreich, den immer größere Teile der französischen Öffentlichkeit und des politischen Establishments forderten, damit tatsächlich wahrscheinlicher geworden? Manche Historiker wie Otto Pflanze meinen, dass Bismarck diesen 1870 angesichts der «Sackgasse», in der er sich nach den Siegen der Partikularisten in Süddeutschland befunden habe, angestrebt habe, da nur «ein Krieg gegen Frankreich den einzig möglichen Ausweg zu versprechen schien». Doch was waren tatsächlich die Ursachen dieses Krieges, der im Sommer 1870 ausbrechen sollte? Welche Motive trieben die jeweiligen Akteure auf beiden Seiten des Rheins an?

5 Der Deutsch-Französische Krieg 1870/71

Die spanische Thronkandidatur. Der Nationalkrieg gegen Frankreich, den manche Angehörige der Nationalbewegung seit 1859 gefordert hatten und den auch Bismarck grundsätzlich nicht ausschloss, brach schließlich schneller aus als von den entscheidenden Akteuren, der Bevölkerung und den verantwortlichen Politikern in den übrigen Staaten Europas erwartet. Im Frühjahr 1870 sah es keineswegs so aus, als ob der Krieg unvermeidlich sei. Napoleon III. war chronisch krank, seine Herrschaft selbst umstritten. Auch Bismarck rechnete keineswegs mit Krieg. So schrieb er Anfang Juni 1870 an den preußischen Botschafter in London: «Nach meiner Kenntnis der französischen

Zustände und des im Volke herrschenden Bedürfnisses nach Ruhe und Erhaltung des Bestehenden sowie der Anschauungsweise des Kaisers selbst kann ich die Befürchtungen wenigstens für die nächste Zeit und soweit politischer Kalkül überhaupt gehen kann, nicht teilen – wenn ich auch natürlich der Unberechenbarkeit der europäischen Zustände volle Rechnung trage und es nicht für klug halten würde, die Wehrkraft zu vermindern, welche uns die Überzeugung gewährt, mit Gottes Hilfe jeder Eventualität die Spitze bieten zu können.»

Wenige Wochen später kam es zu einer solchen «Eventualität». Was war passiert? Die Kandidatur eines Prinzen aus der katholischen Linie des Hauses Hohenzollern, Leopold, für den spanischen Thron war Anlass für einen Konflikt, der schließlich zum Krieg eskalierte. 1868 hatten spanische Offiziere die bisherige Königin Isabella vom Thron vertrieben, da sie zunehmend autokratisch regierte. Nach längerer Suche bot die spanische Regierung unter Führung von Marschall Juan Prim y Prats Prinz Leopold von Hohenzollern-Sigmaringen die Krone an. Prinz Leopold war nicht nur katholisch, sondern aufgrund seiner Heirat mit einer portugiesischen Prinzessin kannte er auch die Verhältnisse auf der Iberischen Halbinsel recht gut. Vor allem aber war Prinz Leopold sowohl mit Napoleon III. als auch mit Wilhelm I. verwandt.

Die ökonomische, politische und strategische Bedeutung Spaniens war allerdings geeignet, aus einer Thronfolgefrage eine Frage von Krieg und Frieden zu machen. Jahrhundertelang hatten Habsburger und Franzosen um die Vorherrschaft auf der Iberischen Halbinsel gekämpft. Diese Erinnerung bestimmte auch das Handeln Napoleons III.: Eine antifranzösische Macht jenseits der Pyrenäen war aus seiner Sicht nicht akzeptabel. Dies galt erst recht, wenn diese durch verwandtschaftliche Beziehungen mit einer aufsteigenden Macht auf der anderen Seite der Grenze im Osten, Preußen, direkt oder indirekt verbunden war. «Un Prussien, ce serait la guerre» («Ein Preuße, das bedeutet Krieg»), erklärte der französische Botschafter in Madrid unmissverständlich, nachdem die Kandidatur des Hohenzollernprinzen Anfang Juli 1870 vorzeitig bekannt geworden war.

Aus preußischer Perspektive, und das hieß in diesem Fall aus der Sicht des Ministerpräsidenten Bismarck, sah dies ganz anders aus. Jedes Mittel, das geeignet war, Frankreichs Hegemonialstellung zu schwächen, war ihm recht. «Die Friedensliebe Frankreichs gegen Deutschland [werde] immer im Verhältnis der Gefahren des Krieges mit Deutschland wachsen oder abnehmen. Wir haben die Erhaltung des Friedens auf die Dauer nicht von dem Wohlwollen Frankreichs, sondern nur von dem Eindrucke unserer Machtstellung zu gewärtigen», hatte Bismarck argumentiert, als er im März dem zögernden König gegenüber für die Annahme der Kandidatur plädiert hatte.

Nach langem Schwanken entschloss sich Prinz Leopold, die Krone bei einer Wahl anzunehmen. Die Hoffnung, Europa durch Geheimhaltung der Angelegenheit vor ein fait accompli zu stellen, misslang allerdings. Nach Bekanntwerden der bevorstehenden Wahl Leopolds protestierte die französische Regierung dagegen aufs schärfste. Regierung, Öffentlichkeit und die Abgeordneten der Nationalversammlung sahen gleichermaßen die Ehre und Stellung Frankreichs bedroht. «Wir glauben nicht», erklärte Außenminister Antoine Herzog von Gramont am 6. Juli unter dem Beifall der Abgeordneten, «dass die Achtung vor den Rechten eines Nachbarvolks uns zu dulden verpflichtet, dass eine fremde Macht, indem sie einen ihrer Prinzen auf den Thron Karls V. setzt, dadurch zu ihrem Vorteil das gegenwärtige Gleichgewicht der Mächte Europas derangieren und so die Interessen und die Ehre Frankreichs gefährden darf.»

Gramonts unverhüllte Kriegsdrohung änderte die Lage vollständig. Bismarck behandelte die spanische Frage zwar weiterhin als eine Angelegenheit des Hauses Hohenzollern. Es war aber klar, dass Preußen über kurz oder lang würde Stellung nehmen müssen. So wie Bismarck mit seiner Unterstützung versucht hatte, Frankreich diplomatisch zu schwächen, so setzte die französische Regierung nun ihrerseits alles daran, Preußen durch einen Verzicht der Hohenzollern auf den spanischen Thron zu demütigen. Da der Vater des Prinzen aufgrund der kriegerischen Stimmung bereits am 12. Juli auf dessen Kandidatur verzichtete, schien diese Strategie sogar aufzugehen.

Die französische Regierung war mit diesem Erfolg jedoch nicht zufrieden. Ihr war es nicht gelungen, Preußen für die Kandidatur und die daraus resultierende gezielte Demütigung Frankreichs verantwortlich zu machen. Auf Weisung seines Außenministers drängte der französische Botschafter in Berlin, Vincent Graf Benedetti, daher den preußischen König am Folgetag während eines Spaziergangs auf der Kurpromenade von Bad Ems, öffentlich zu versichern, dass, so hieß es in dem bald als «Emser Depesche» weltbekannt gewordenen Telegramm: «Ich für alle Zukunft mich verpflichtete niemals wieder meine Zustimmung zu geben, wenn die Hohenzollern auf ihre Candidatur zurückkämen.» Mit dieser Forderung überspannte die französische Regierung den Bogen. Wilhelm I. wollte zwar keinen Krieg mit Frankreich, er war aber auch nicht bereit, «als reuiger Sünder vor der Welt» aufzutreten, wie er nach dem Gespräch an seine Frau, Königin Augusta, schrieb.

Die Depesche, die Bismarck über diese Unterredung unterrichtete und die er gekürzt veröffentlichte, gilt als der Funke, der das Pulverfass zur Explosion brachte – zu Unrecht. Bismarck kürzte diese zwar so, dass das Auftreten Benedettis als ungebührlich und die französischen Forderungen als anmaßend erschienen. Auf die Entscheidungen in Paris hatte diese Depesche jedoch keinen Einfluss. Dort wurde sie erst bekannt, als die Weichen in Richtung Krieg bereits gestellt waren. Angesichts der Nachricht Benedettis über seinen Misserfolg hatte das Kabinett bereits in Anwesenheit des Kaisers getagt und auf Drängen des Kriegsministers die Mobilmachung beschlossen. Nur so glaubte das Kabinett, dem Druck der Rechten im Parlament und auf der Straße standhalten zu können. Die «Emser Depesche» heizte die Stimmung allerdings weiter an, als sie am Abend des Tages bekannt wurde. Nach stürmischen Szenen bewilligten die Abgeordneten einen Tag später die Mittel zur Führung des Krieges. Am gleichen Tag unterzeichnete der Kaiser auch die Kriegserklärung an Preußen, die am 19. Juli 1870 schließlich formell übergeben wurde.

Die Frage, wer für den Ausbruch dieses Krieges verantwortlich war, ist bis heute strittig. Manche Historiker halten die

Kürzung der «Emser Depesche» für einen von vielen Belegen dafür, dass, wenn Bismarck den Krieg mit Frankreich nicht sogar bereits seit 1869 von langer Hand vorbereitet, so doch dieses im Frühjahr 1870 gezielt in eine Falle gelockt habe. Nach den ernüchternden Wahlen zum Zollparlament 1868, so die Lesart mancher Historiker, sei ihm klar geworden, dass er nur durch eine «Flucht nach vorn» seine Politik der Einigung unter preußischer Führung erfolgreich würde fortsetzen können. Die Reaktion Frankreichs auf eine Einmischung Preußens in seine Interessensphäre sei vorhersehbar, der Krieg gegen das Land spätestens seit einem informellen «Kriegsrat» Bismarcks mit Kriegsminister General Albrecht v. Roon und Generalstabschef Moltke in Berlin am 12. Juli 1870, also noch vor dem Zusammentreffen zwischen Wilhelm I. und Benedetti, zudem beschlossen gewesen.

Bismarck selbst hat derartigen Deutungen durch spätere Äußerungen Vorschub geleistet. «Ohne Frankreich geschlagen zu haben, konnten wir nie ein Deutsches Reich mitten in Europa errichten und zu der Macht, die es heute besitzt, erheben», erklärte er 1892 rückblickend vor Studenten in Jena. Doch so eindeutig, wie sich ihm die Lage aus der Rückschau darstellte, beurteilte er sie 1870 nicht. Sosehr Bismarck bereit war, die Thronkandidatur eskalieren zu lassen, um das Prestige Preußens zu stärken, so groß war das Risiko einer «Schlappe». Die Absage der Hohenzollern drohte sogar, Preußen indirekt eine schwere diplomatische Niederlage zuzufügen. Doch damit wollte sich die Regierung in Paris nicht begnügen. Indem sie mit ihrer Garantieforderung Preußen öffentlich demütigen wollte, überspannte sie den Bogen. In der Quintessenz bedeutet dies: Auch wenn Bismarck bereit war, einem Konflikt mit Frankreich nicht auszuweichen, so war Napoleon III. letztlich für den Ausbruch des Krieges der Hauptverantwortliche, forderte er doch mehr, als politisch klug war.

Der Deutsch-Französische Krieg und Europa. Auf den ersten Blick lag es nahe, dass der Krieg zwischen Preußen sowie seinen süddeutschen Verbündeten und Frankreich auch die anderen europäischen Mächte auf den Plan rufen würde. Immerhin hatte der Krieg das Potenzial, die Gewichte auf dem Kontinent erheblich zu verschieben. Bei einem Sieg Frankreichs würde dieses seine Stellung in Europa weiter verstärken. Bei einem Sieg Preußens und seiner Verbündeten hingegen war nicht nur die Einheit Deutschlands unvermeidbar. Dieses vereinte Deutschland würde zugleich Frankreich als latente Hegemonialmacht auf dem Kontinent ablösen.

In der konkreten Situation verhielten sich die anderen Mächte jedoch zurückhaltend. Die Verantwortung Frankreichs für diesen Krieg war zu offensichtlich. Napoleons Versuche, die anderen Mächte in den Krieg gegen Preußen zu ziehen, hatten keinen Erfolg. Weder Österreich noch Italien waren dazu politisch oder auch militärisch bereit und in der Lage. Trotz vorherigen Drängens hatten sich weder Kaiser Franz Joseph noch König Victor Emanuel I. dazu entschließen können, die bisherigen Absprachen in feste Bündnisse mit klar definierten Zusagen umzuwandeln. Und Russland? Der Primat der Finanz- und Wirtschaftspolitik im Zeichen der eingeleiteten Reformen, die Konzentration auf die Expansion im Orient und latentes Misstrauen gegenüber Österreich und Frankreich ließen Zurückhaltung geboten erscheinen. Gleichwohl versicherte der Zar König Wilhelm I. im Juli 1870, 300000 Mann an der Grenze aufzustellen: «Sollten die kriegerischen Verhältnisse es erheischen, so würde der Kaiser eventuell zur Besetzung Galiziens schreiten.» Hinter dieser Zusage stand auch das Ziel, den Krieg zu nutzen, um demütigende Bestimmungen des Pariser Friedens von 1856 zu beseitigen. Auch Großbritannien blieb, wie schon zuvor, neutral. Frankreich schien unübersehbar schuldig, und eine Einigung Deutschlands erschien ohnehin unvermeidbar, allerdings auch nicht weiter gefährlich, vorausgesetzt, das Reich beanspruchte keine Hegemonie auf dem Kontinent.

Zwei Armeen marschieren auf. Seit der Mobilmachung am 16. Juli und vollends mit der französischen Kriegserklärung begann der Aufmarsch. Der preußische Generalstabschef Moltke, dessen Pläne auch den Sieg bei Königgrätz möglich gemacht hatten, setzte dabei von Anfang an auf die zahlenmäßige Überlegenheit seiner Armeen. Rechnet man die Truppen der süddeutschen Staaten noch hinzu, die aufgrund der Schutz- und Trutzverträge von 1866 ebenfalls mit in den Krieg ziehen würden, dann betrug die Stärke der Feldarmee 462 300 Mann Infanterie und 56 800 Mann Kavallerie. Hinzu kamen 1584 Geschütze. Hinzuzurechnen waren die Besatzungs- und Ersatztruppen, insgesamt 363 890 Mann Infanterie, Kavallerie und Festungsartillerie. Die Truppen bestanden teilweise aus Berufssoldaten, vor allem aber aus gut gedrillten Wehrpflichtigen und Landwehrmännern. «Es ist», so hieß es bei Theodor Fontane bereits 1873 voller Stolz, «nahezu überflüssig, über den moralischen Wert zu sprechen, welchen die preußische Armee durch die Vertretung aller Stände und Klassen der Bevölkerung in ihren Reihen erhält und durch das Bewusstsein, dass stehendes Heer und Landwehr das ganze Volk in Waffen bilden.»

Die Armee Napoleons III. war den preußischen und süddeutschen Truppen mit 336 000 Mann rein zahlenmäßig unterlegen. Die in Algerien stationierten Truppen in Höhe von ca. 230 500 Soldaten sowie die in der Aufstellung befindlichen, aber weitgehend unausgebildeten Mobilgarden in Höhe von 150 000–180 000 Mann änderten daran nichts. Dies galt erst recht bei einem längeren Krieg, in dem auf deutscher Seite allein aufgrund der höheren Zahl an Einwohnern erheblich mehr Reserven mobilisiert werden konnten als in Frankreich.

Auf deutscher Seite ging der Aufmarsch gegen Frankreich schnell vonstatten. Systematische Planungen hatten schnelle Transporte an die Fronten möglich gemacht. Ganz anders auf französischer Seite: Das französische Eisenbahnsystem galt vor 1870 als das beste der Welt. Gleichwohl sollten Napoleons Armeen davon kaum Nutzen haben. Deren Aufmarsch verlief aufgrund fehlender detaillierter Planungen und mangelnder Absprachen mit den jeweiligen Bahngesellschaften vielmehr völlig chaotisch.

Operationsplanungen. Auch die Operationsplanungen konnten kaum unterschiedlicher sein. Zwei wichtige Leitgedanken kennzeichnen Moltkes Planungen. In der Annahme, dass die Armeen Napoleons III. «ihre erste Versammlung auf der Linie Metz-Straßburg bewirken werden, um mit Umgehung unserer starken Rhein-Front gegen den Main vorzudringen, Nord- und Süddeutschland zu trennen, mit Letzterem ein Abkommen zu treffen und [...] gegen die Elbe vorzustoßen», plante Moltke einen Aufmarsch in der Pfalz, die die Mitte der Westfront bildete. Von dort aus ließen sich die französischen Armeen einerseits frontal am Rhein aufhalten. Andererseits ermöglichte ein Aufmarsch in dieser Region auch einen Vorstoß nach Norden oder Süden in deren Flanken. Der Gedanke, den Gegner möglichst schnell mit einem überlegenen linken Flügel zu umfassen – sei es von Süden her oder, wenn er nach Westen auswich, weit ausholend –, wird in diesen Planungen deutlich. Mehr als den Aufmarsch und den Beginn des Krieges plante Moltke aber nicht.

Drei Armeen setzten sich mit Beginn der Mobilmachung wie geplant gegen Frankreich in Marsch: die I. unter General Karl Friedrich v. Steinmetz in Richtung Trier, die II. unter Prinz Friedrich Karl in Richtung Saarbrücken. Die III., vom preußischen Kronprinzen Friedrich Wilhelm geführte Armee, die auch die süddeutschen Kontingente umfasste, sollte sich bei Landau und am rechten Rheinufer versammeln. Dieser Plan war nicht ohne Risiken. Ein schneller Vorstoß der französischen Armee konnte insbesondere die II. Armee in große Bedrängnis bringen, wenn diese beim Ausladen überrascht wurde. Moltke befahl daher bereits am 23. Juli die Rückverlegung der Ausladung an den Rhein; von dort mussten die Soldaten dann an die Grenze marschieren. Sicherheit ging vor Schnelligkeit. Ende Juli war der Aufmarsch abgeschlossen.

Pläne, vergleichbar mit denen Moltkes, gab es auf französischer Seite nicht. Napoleon III. hatte zwar im Frühjahr eine weitausgreifende Operation nach Deutschland hinein geplant und gehofft, zusammen mit der österreichischen Armee die preußischen Truppen in die Zange nehmen zu können. Diesen Plan hatte er aufgrund der vielen Imponderabilien aber schnell selbst verworfen. Der französische Aufmarsch war daher eher das Ergebnis von Improvisation, weniger systematischer Planung. Auch von Schnelligkeit, die angesichts der zahlenmäßigen Überlegenheit der Truppen auf der anderen Rheinseite eigentlich eine zwingende Notwendigkeit für einen Erfolg war, konnte keine Rede sein. Am 26. Juli standen immerhin 187 000 Mann an der Grenze. Die Einheiten waren jedoch ohne klare Schwerpunktbildung über 200 Kilometer entlang der Grenze verteilt, ein Teil der Abteilungen befand sich noch auf dem Marsch, wichtige Ausrüstungsgegenstände wie Verpflegung, die Bespannung der Geschütze oder Munition waren nicht in ausreichender Menge vorhanden. Eine schnelle Offensive war somit nicht möglich. Selbst hohe Kommandeure rätselten noch Ende Juli darüber, wie der Krieg geführt werden sollte.

Die «Rheinarmee», so der programmatische Name des französischen Feldheeres, wollte Napoleon selber führen. Diese bestand zunächst aus drei Armeekorps unter Führung von drei kriegserfahrenen Marschällen bzw. Generalen: eines im Elsass unter Marschall Patrice de Mac Mahon, das andere in Lothringen unter Marschall François-Achille Bazaine, ein weiteres unter General Charles Auguste Frossard an der Saar. Hinzu kamen weitere Korps an anderen strategisch wichtigen Stellen im Elsass und in Lothringen sowie eine Reserve im Lager von Châlons.

Wie häufig in Kriegen, sollte der Wille alle Schwierigkeiten beseitigen: Unter Beschwörung der Erfolge auf der Krim, in Nordafrika, Italien und Mexiko rief Napoleon III. nach Eintreffen bei der Armee in Metz am 28. Juli seinen Soldaten zu: «Ganz Frankreich begleitet Euch mit glänzenden Wünschen, das Weltall hat seine Augen auf Euch gerichtet, von Unserem Erfolg hängt das Schicksal der Freiheit und der Zivilisation ab. Tue jeder seine Pflicht, der Gott der Schlachten wird mit Uns sein.» Ob dieser Appell ausreichen würde, den Sieg zu erringen, musste sich noch zeigen. Denn anders als erwartet standen Napoleons Armeen nicht nur den preußischen, sondern auch den süddeutschen Truppen gegenüber. Seine Hoffnung, dass sich die süddeutschen Staaten nicht Preußen anschließen würden, hatte sich ungeachtet zahlreicher diplomatischer Versuche nicht erfüllt. Auch ein direkter Appell an diese war am 22. Juli ergebnislos verhallt. Der Aufruf Wilhelms I. vom 25. Juli an das «große deutsche Vaterland» hatte offenkundig sein Ziel erreicht. «Einig wie kaum jemals zuvor, darf Deutschland in seiner Einmütigkeit wie in seinem Recht die Bürgschaft finden, dass der Krieg ihm den dauernden Frieden bringen und dass aus der blutigen Saat eine von Gott gesegnete Ernte deutscher Freiheit und Einigkeit sprießen werde», hatte es darin geheißen.

Grenzschlachten. Nach ersten Scharmützeln stießen beide Armeen bei Spichern, Weißenburg und Wörth am 4. und 6. August frontal aufeinander. In blutigen Kämpfen zwangen Moltkes Armeen die Truppen Napoleons zum Rückzug. Die Gefahr einer Invasion des Rheinlandes war damit gebannt. Am 14. August kam es erneut zur Schlacht. Östlich von Metz, bei Colombey-Nouilly, stieß die I. Armee auf Bazaines Truppen. Nach schweren Verlusten im Kampf Mann gegen Mann raumte dieser alle Stellungen östlich von Metz und setzte sich nach Westen ab. Um der Rheinarmee diesen Weg abzuschneiden, marschierten Teile der I. und II. Armee anschließend gegen Vionville/Mars-la-Tour vor, der Rest Richtung Maas. Dort kam es am 16. August erneut zur Schlacht. Die von Moltke angestrebte Umfassung kam aufgrund zu schwacher Kräfte jedoch nicht zustande. Im Gegenteil: Bazaine erkämpfte einen für beide Seiten verlustreichen Abwehrerfolg. Dieser war jedoch kein Sieg, da die französischen Truppen das Schlachtfeld verließen und Richtung Metz zurückmarschierten. Bazaines Hoffnung, trotz aller Verluste den Weg über Briey freikämpfen zu können, erfüllte sich nicht. Bereits zwei Tage später schlug Moltke die französische Rheinarmee bei Gravelotte/St. Privat ein weiteres Mal. Bazaine zog sich hinter die Mauern der Festung Metz zurück. Diese «Sicherheit» der Festung erwies sich jedoch bald als Trugschluss; der Rückzug wurde schließlich zum Alptraum, die Festung zur Todesfalle.

Sein eigentliches Ziel, die Umfassung und Vernichtung der Rheinarmee, hatte Moltke nicht erreicht. Durch deren Einschließung in Metz mit ihren ca. 180 000 Mann waren die deutschen Truppen den restlichen französischen Einheiten nun aber zahlenmäßig eindeutig überlegen. Die neu gebildete Maasarmee unter Kronprinz Albert von Sachsen und die vom preußischen Kronprinzen geführte III. Armee verfolgten nun die Einheiten Mac Mahons. Mac Mahon, der seine Armee in Châlons neu aufgestellt hatte, versuchte, Bazaine zu Hilfe zu eilen. Dieser Marsch verlief jedoch so langsam, dass Moltke genügend Zeit hatte, seine Truppen so zu staffeln, dass eine Einkreisung möglich wurde. Nach verlustreichen Kämpfen bei Beaumont am 30. August gab Mac Mahon seine Pläne auf, nach Metz zu marschieren, und zog sich in die alte Festung Sedan zurück. Dort wollte er seine geschlagenen Einheiten reorganisieren und mit Nachschub versorgen. Bazaines Versuche, ihm durch einen Ausbruch aus der Festung Metz zu Hilfe zu eilen, waren bereits am 26. August und – erneut – am 31. August/1. September bei Noisseville fehlgeschlagen. Nach schweren Kämpfen zwischen Mac Mahons Truppen und Teilen des I. bayerischen Korps um die wichtigen Maasübergänge am 31. August schlossen Maasarmee und III. Armee die verbliebenen französischen Truppen am 1. September in teilweise blutigen Häuserkämpfen in Sedan ein. Mehrfache französische Versuche, den Ring zu durchbrechen, scheiterten unter dem mörderischen Artilleriefeuer von 500 Geschützen, die auf den umliegenden Höhen Stellung bezogen hatten. Bereits am Nachmittag hissten die verbliebenen Truppen die weiße Fahne. Unter den 83 000 Gefangenen befand sich nicht nur Mac Mahon, sondern auch Kaiser Napoleon III.

Vom Kabinetts- zum Volkskrieg. Trotz der Gefangennahme des Kaisers und des Verlusts von 100 000 französischen Soldaten bei Sedan, die gefallen oder in Gefangenschaft geraten waren, sowie der Einschließung einer weiteren großen Armee in Metz war der Krieg nicht gewonnen. Sedan war trotz des großen Erfolges auf dem Schlachtfeld dann doch nicht vergleichbar mit Königgrätz. Im Gegenteil: Die französische Niederlage erwies sich innerhalb weniger Tage als Beginn einer neuen Phase des Krieges: Der Kabinettskrieg entwickelte sich zum Volkskrieg.

Die Niederlage hatte in Paris zu Unruhen geführt, an deren Ende das Kaiserreich gestürzt und die Republik ausgerufen worden war. Zugleich hatten die Revolutionäre so wie ihre Vorgänger angesichts der Bedrohung von außen 1792 die Levée en masse verkündet – die allgemeine Volksbewaffnung.

Die Furcht der Revolutionäre, die eine Mischung höchst unterschiedlicher Parteien jenseits der geschlagenen Bonapartisten waren – gemäßigte Liberale wie der neue Außenminister Jules Favre, radikale Gegner des alten Regimes wie Léon Gambetta und Militärs wie der Pariser Militärgouverneur Jules Trochu, der bereits unter Napoleon gedient hatte und nun provisorischer Präsident des Ministerrates war –, und ihrer Unterstützer vor der Niederlage war berechtigt. Die Illusionen jener, die geglaubt hatten, die Preußen würden, so ein Zeitzeuge, wie einst 1792 «bei dem einzigen Wort ‹Republik› entsetzt stille stehen», verflogen innerhalb von Stunden.

Nach der Schlacht bei Sedan ging der Krieg für die Deutschen weiter. Frankreich war keineswegs geschlagen, und als führende Industrienation konnte es neben Soldaten auch große materielle Reserven mobilisieren. Auf dem Vormarsch trafen die deutsche Vorhut und die Truppen der Verteidiger von Paris am 19. September bei Sceaux aufeinander. Trotz großer zahlenmäßiger Überlegenheit verloren diese die Schlacht. Damit standen die deutschen Armeen vor Paris. Am 6. Oktober errichtete Wilhelm I. sein Hauptquartier in Versailles, dem symbolträchtigen Zentrum französischer Macht seit Ludwig XIV. 150000 Soldaten und 620 Geschütze begannen nun mit der systematischen Belagerung der französischen Hauptstadt. Nach dem Fall von Metz verstärkte Moltke die um Paris herum gruppierten Einheiten.

Doch wie sollte es weitergehen? Die Stadt beschießen wie Straßburg, das in Flammen stand und dessen Fall kurz bevorstand, oder diese belagern und aushungern wie Metz waren die Alternativen. Der Streit darüber sollte das Verhältnis zwischen Politik und Militär bald belasten. Denn während Bismarck, allein um ausländische Interventionen zu vermeiden, eine schnelle Beschießung und damit ein baldiges Ende des Krieges forderte, zögerten die Militärs. Der Krieg im Lande war keineswegs zu Ende, und die Belagerung einer zur Festung ausgebauten Großstadt wie Paris war schwieriger, als es auf den ersten Blick erschien. Der Kampf um den Primat der Politik, der in diesen Auseinandersetzungen deutlich wurde, warf zugleich dunkle Schatten auf die Zukunft. Auch wenn Bismarck diesen schließlich mit der Rückendeckung Wilhelms I. gewann, stand der grundsätzliche Anspruch der Militärs wie ein Menetekel an der Wand, während der Operationen Vorrang vor der Politik zu haben. Diese Grundsatzfrage sollte im Verlauf der Geschichte des Kaiserreichs immer wieder zu Konflikten mit erheblichen Folgen für die Außen- und Rüstungspolitik führen.

Der Aufruf der provisorischen Regierung in Paris zur Levée en Masse hatte deren Widerstandswillen deutlich gemacht. Dies galt umso mehr, als der Preis für eine Kapitulation hoch sein würde. Erste Sondierungen hatten gezeigt, dass die anmarschierenden Sieger von Sedan nicht nur einen gewaltigen finanziellen Betrag zur Begleichung der Kriegskosten forderten, sondern auch Gebiete, die Frankreich als unverzichtbaren und rechtmäßigen Teil des Landes betrachtete – Elsass und Lothringen. Weiterer Widerstand, nicht Verhandlungen über einen Frieden war daher die Devise der Verteidiger.

Obwohl von außen umzingelt, glaubten die Verteidiger von Paris, mit dieser Strategie Erfolg haben zu können. Die dicken Mauern und Wälle mit ihren Artilleriestellungen bildeten einen Schutzring von 53 Kilometern Länge um die Stadt. Auch wenn die Zeit der Festungen angesichts der inzwischen eingeführten weitreichenden, großkalibrigen Geschütze eigentlich vorbei war, so bildeten diese doch große Hindernisse, die erst überwunden werden mussten. Bereits Anfang Oktober verfügte die provisorische Regierung zudem nicht nur über 400 000 Mann im eingeschlossenen Paris, sondern auch über 296 000 Soldaten des aktiven Heeres und 243 000 Mobilgardisten in den Provinzen.

Motor des Widerstands war Gambetta. Nach seiner aufsehenerregenden Flucht aus dem eingeschlossenen Paris mit einem Ballon trieb er mit ungeheurer Energie die Aufstellung neuer Armeen voran: «Das erste von allem ist, Franzosen, dass Ihr Euch jetzt durch keine andere Beschäftigung in Anspruch nehmen lasset, als den Krieg, den Kampf bis auf's Messer. […] Alle unsere Hilfsmittel, die ungeheuer sind, müssen wir an das Werk setzen; [...] und endlich den nationalen Krieg inaugurieren. [...] Erheben wir uns in Massen, sterben wir lieber, als dass wir die Schande einer Gebietsabtretung dulden», hieß es in einer am 9. Oktober veröffentlichen Proklamation. Dies war der endgültige Aufruf zum Volkskrieg, wenn nicht zum totalen Krieg.

In vielen Regionen Frankreichs kam es daher zu Gefechten mit den deutschen Truppen. Trotz mancher Erfolge mussten sich die neuen Armeen jedoch schließlich überall geschlagen geben. Keine Frage, auch die deutschen Armeen hatten hohe Verluste zu beklagen; und selbst Kronprinz Friedrich Wilhelm glaubte am Ende des Jahres, dass die Zeit für die Franzosen arbeite: «Das französische Volk erhob sich von Tag zu Tag mehr aus seiner Erniedrigung; es schien, als ob der Sturz seiner bisherigen Regierung ihm Kraft, Mut und Ehre wiedergegeben, als ob Generale und Staatsmänner, die ihm bisher gefehlt, plötzlich aufgetaucht seien, um das Verlorene wiederzugewinnen. [...] Je länger dieser Kampf dauert, desto besser für die Franzosen, und desto schlimmer für uns», schrieb er am Silvestertag 1870 in sein Tagebuch. Innerhalb weniger Tage wurde dann aber deutlich, dass er Unrecht hatte. Ungeachtet mancher Rückschläge gelang es an allen Fronten, Gambettas Armeen weiterhin erfolgreich den Weg nach Paris zu versperren und damit dessen Entsatz zu verhindern.

Auch Tausende Franktireurs hielten die deutschen Truppen in Atem. Als kleine Gruppen von nicht mehr als 70 Mann sollten sie bei der Aufklärung helfen. Patriotische Motive und persönliche Betroffenheit vom Krieg und seinen Auswirkungen, von Requirierungen, Einquartierungen oder familiären Verlusten, trieben sie an. Doch ob sie wirklich «Kämpfer», d.h. Kombattanten im völkerrechtlichen Sinne waren, war bereits unter Zeitgenossen umstritten. Wo immer möglich, griffen sie Verbindungslinien an, um den deutschen Nachschub zu unterbrechen. Aber auch kleine Orte mit entsprechend kleiner deutscher Besatzung waren Ziele ihrer Angriffe. Kennzeichen des Franktireurkrieges war seine Brutalität. Im Gegensatz zu dem Krieg der Armeen galten dort wenige Regeln. Verantwortlich dafür waren die nationalen Emotionen. In einem Rundschreiben des Präfekten der Côte d'Or an die Unterpräfekten und Bürgermeister hieß es beispielsweise: «Das Land verlangt nicht von Euch, dass Ihr Euch in großen Massen zusammenschart, noch dass Ihr den Feind offen bekämpft. Es verlangt, dass jeden Morgen drei oder vier beherzte Männer unter Euch ihre Dörfer verlassen, sich eine gute Stellung aussuchen, von wo aus sie, ohne ein Risiko einzugehen, das Feuer auf die Preußen eröffnen können [...].»

Die Reaktionen der deutschen Armeen waren entsprechend brutal: «Jede Person, die nicht zur regulären Truppe oder zur Mobilgarde gehört und unter der Bezeichnung Freischärler oder einem anderen Namen mit Waffen angetroffen wird, in dem Augenblick, wo sie bei der Ausübung von feindseligen Handlungen gegen unsere Truppen in flagranti gefasst wird, als Verräter angesehen und ohne jedes weitere Prozessverfahren gehängt oder erschossen wird, [...] alle Häuser oder Dörfer, die den Freischärlern Unterschlupf bieten und in deren Schutz diese die deutschen Truppen angreifen, werden in Brand gesteckt oder beschossen. Die Gemeinden sind außerdem verantwortlich für die Schäden, die an Telefonleitungen, Eisenbahnen, Brücken und Kanälen verursacht werden. Eine Kontribution wird ihnen zur Auflage gemacht, und im Falle der Nichtzahlung werden sie mit Feuersbrunst bedroht», warnte ein General in einer Proklamation an die Bevölkerung Mitte Dezember 1870.

Psychologisch war das Vorgehen der Franktireurs sicherlich «erfolgreich», militärisch hat es den Kriegsverlauf kaum beeinflusst, so spektakulär mancher Erfolg wie die Sprengung der Moselbrücke bei Fontenoy-sur-Moselle auch war. So wie Gambetta von Anfang an die Entscheidung in Paris suchte, anstatt die Deutschen ins Land zu ziehen, was militärisch wahrscheinlich erfolgversprechender gewesen wäre, so konzentrierte sich auch Moltke schließlich auf Paris, um dort die Entscheidung zu suchen.

Doch die Belagerten machten es den Belagerern nicht leicht. Mehrfach versuchten die eingeschlossenen Truppen und Mobilgarden zu Tausenden aus der Festung Paris auszubrechen. Doch auch wenn die Belagerten Anfang November drei Armeen mit insgesamt 674 000 Mann aufstellen konnten, durchschlagende Erfolge blieben ihnen versagt. Verantwortlich für diese Ausbruchsversuche, die häufig eher den Charakter von blindem Aktionismus und nicht durchdachter militärischer Planung hatten, war die Radikalisierung in Paris. Seit der Einschließung gärte es in der Stadt. Ende Oktober hatte es sogar einen ersten Aufstand der Commune gegeben. Zwar bildeten die Radikalen nur eine kleine Minderheit der Pariser Bevölkerung; doch diese war kampfbereit – nach innen wie nach außen. Ihr waren die bürgerlichen Kräfte nicht energisch genug im Kampf gegen die Belagerer. Doch sooft die Pariser Armeen auch versuchten auszubrechen und sosehr sie mit ihren Ballons und ihren Brieftauben Nachrichten herein- und herausschmuggelten, die die Stimmung im In- und Ausland heben sollten, ihre Zeit lief allmählich ab. Verantwortlich dafür war neben der Kälte in den Wohnungen, für die kaum Heizmaterial zur Verfügung stand, und dem Ausbruch von Epidemien wie Typhus, Ruhr und Pocken zum einen der zunehmende Hunger. Nach Hunden und Katzen, Vögeln und Ratten aßen die Pariser nun auch die Tiere ihres Zoos, soweit sie sich diese angesichts steigender Preise überhaupt leisten konnten. Zum anderen begann am 27. Dezember die Beschießung der Stadt. Nach gezieltem Feuer konnten die wichtigsten Festungen Ende Dezember 1870 bzw. Mitte Januar 1871 genommen werden.

Nach vierwöchigem Beschuss, einer drohenden Hungerkatastrophe und dem Scheitern eines letzten großen Ausbruchsversuchs war Paris bereit zu kapitulieren. Gambettas Versuch, den Krieg weiterzutreiben, scheiterte. Bei den Wahlen zur Nationalversammlung, die Teil des Waffenstillstandsabkommens waren, gab die Landbevölkerung ungeachtet der schmerzlichen Bedingungen denjenigen ihre Stimme, die den Krieg beenden wollten.

Vom nationalen Rausch zur Reichsgründung. Zur gleichen Zeit, als Paris bereit war zu kapitulieren, war, wie beschrieben, im benachbarten Versailles Wilhelm I. zum Kaiser proklamiert und der einheitliche deutsche Nationalstaat Wirklichkeit geworden. Der Weg dorthin war jedoch nicht einfach gewesen. Allerdings:

So wie Frankreich im Juli 1870 gehofft hatte, mit einem Sieg seine Hegemonialstellung auf dem Kontinent zu festigen, sahen viele Menschen in Deutschland in diesem Konflikt den Katalysator für die nationale Einheit. «Man kann wirklich sagen», notierte der preußische Kronprinz Friedrich Wilhelm bereits am 17. Juli, zwei Tage nachdem der französische Ministerpräsident Emile Ollivier die Kriegserklärung an Preußen in der Nationalversammlung angekündigt hatte, «dass ganz Deutschland, angesichts der mutwilligen französischen Herausforderung, sich wie ein Mann erhebt; sicherlich wird es seine Einheit wiederherstellen.»

Diese Hoffnung war berechtigt. Bereits die Fahrt König Wilhelms I. von Bad Ems zurück nach Berlin hatte spontane Begeisterungsstürme hervorgerufen. Auf vielen Bahnhöfen hatten ihn große Menschenmengen erwartet und ihm zugejubelt. «Wie 1813 bis 1815», hieß es in einer von Tausenden Berlinern am Tag der Rückkehr unterschriebenen Adresse an den König, «wird jeder Preuße mit Gut und Blut zu seinem glorreichen Kriegsherrn stehen, und Ew. Köngl[iche] Majestät getreues Volk bittet nur eins: Nicht zu ruhen, bis dieser französische Übermut für alle Zeiten gedemütigt und Deutschland in seiner alten Größe hergestellt und gesichert ist.»

Das, was für Preußen galt, traf auch für die süddeutschen Staaten zu. Da Preußen angesichts der französischen Kriegserklärung so offensichtlich angegriffen werden sollte, sahen die süddeutschen Regierungen entsprechend den 1866 geschlossenen Schutz- und Trutzverträgen den Bündnisfall als gegeben an.

Leicht fiel manchen diese Entscheidung jedoch nicht. In Bayern stimmte die Mehrheit des Kabinetts am 14. Juli vielmehr für Neutralität. Allein der bayerische Kriegsminister General Siegmund Freiherr v. Pranckh, eigentlich ein überzeugter Großdeutscher, und der Handelsminister waren für eine Unterstützung Preußens. Deren Haltung schloss sich auch König Ludwig II. an; am 16. Juli unterzeichnete er den Befehl zur Mobilmachung der bayerischen Armee zum Kampf an der Seite Preußens. Der bayerische Kriegsminister begründete die Entscheidung am 19. Juli in einer leidenschaftlichen Rede im Landtag: «Ich bin es dem Lande und der Armee schuldig, so und nicht anders zu handeln. Wir müssen mittun, wenn wir deutsche Bayern bleiben wollen, wir können niemals von den übrigen Staaten loskommen; wir müssen den Krieg mit annehmen, wenn wir nicht später französische Bayern werden oder in der Luft hängen bleiben wollen», hieß es darin.

Die bayerische Haltung gab dann den Ausschlag, dass auch Württemberg sich auf die Seite Preußens schlug. Baden, das allein aufgrund der gemeinsamen Grenze eine französische Invasion und mögliche Annexionen durch den Nachbarn fürchtete, und Hessen, das aufgrund seiner Teilzugehörigkeit zum Norddeutschen Bund kaum eine andere Wahl hatte, hatten hingegen nicht gezögert, den Bündnisfall für gegeben zu erklären.

Doch nicht nur die Fürsten, auch die Parteien und die Bevölkerung standen angesichts des Eindrucks, Frankreich wolle den östlichen Nachbarn erneut demütigen und Teile deutschen Territoriums annektieren, auf Seiten Preußens. So beeilten sich die Angehörigen der Fortschrittspartei, ihre Unterstützung deutlich zu machen: «Wir waren und sind Gegner jeder aggressiven Politik nach Außen und bekämpfen das im Innern herrschende Regierungssystem, weil es den wahren Interessen unseres Staates widerspricht, aber ebenso sehr leben wir die Überzeugung, dass Angesichts eines vom Auslande in frevelhafter Weise gedrohten Friedensbruches, die Zwistigkeiten der Parteien in den Hintergrund treten und die gesamten Kräfte der Nation zur Verteidigung der Ehre und der Unabhängigkeit des Vaterlandes sich vereinigen müssen», hieß es in einer Erklärung westfälischer Abgeordneter der Fortschrittspartei am 15. Juli 1870.

Gleiches galt für die Vertreter der jungen Arbeiterbewegung. So verabschiedete eine Arbeiterversammlung in Augsburg am 18. Juli eine Resolution, die den Krieg zwar vom «Standpunkte des fühlenden Menschen, des Sozialisten, des Republikaners» verdammte, diesen aber nicht generell ablehnte: «Deutsche, angegriffen durch den Mörder aller Volksfreiheiten, durch den Dezembermann Louis-Napoleon, haben die Pflicht, mit allen ihren Kräften für die Verteidigung des heimatlichen Bodens einzustehen.» Diese Bereitschaft zum Kampf bedeutete aber ebenso wenig wie bei den prinzipientreuen Linksliberalen, bisherige Grundsätze aufzugeben: «Der Kampf gegen die ebenfalls freiheitsmörderischen Gelüste Bismarcks und des Preußenkönigs ist dadurch nicht aufgegeben; in erster Linie für den Deutschen steht aber, sich den fremden Tyrannen vom Halse zu halten. Möge die Sonne der Freiheit aus der Niederlage des Henkers der Freiheit Frankreichs hervorleuchten!» Diese Haltung unterstützte auch Karl Marx, der ein scharfer Gegner des Bonapartismus war, in einer Adresse des Generalrats der Internationalen Arbeiterassoziation vom 23. Juli. Er verband diese Unterstützung eines defensiven Krieges mit der Warnung, auf keinen Fall, wie 1813, den Zaren und seine Kosaken zu Hilfe zu rufen: «Alles Unglück, das auf Deutschland fiel nach den sogenannten Befreiungskriegen, wird wieder aufleben mit verstärkter Heftigkeit.» Wer genau hinsah, konnte schon jetzt die Bruchlinien erkennen, die zwischen Teilen der Arbeiterschaft und ihren Vertretern auf der einen, Liberalen, Staat und Militär auf der anderen Seite nach den Siegen über die Armeen Napoleons entstehen würden.

Zunächst aber galt es, gemeinsam in den Krieg zu ziehen und diesen zu gewinnen. Die jeweiligen Kammern bewilligten zugleich die notwendigen Kriegskredite. Auch wenn antipreußische Ressentiments in Süddeutschland weitverbreitet waren und es, vor allem in Bayern, Stimmen gab, die einen Kriegseintritt auf preußischer Seite ablehnten, so stimmte die Mehrheit doch dafür. «Herrisches Hochfahren, theokratische Gelüste, soldatische Rohheit und Willkür, zweierlei Recht und Gewicht für Bürger und Soldat, frömmelnde Bevormundung in Kirche und Schule – das sind Eigenschaften[,] welche die großen Massen so gut abstoßen wie den frei, besonnen und gebildet denkenden Einzelnen», konnte man in der Augsburger *Allgemeinen Zeitung* vom 17. Juli 1870 lesen. «Alles ist jetzt Nebensache», hieß es dann aber weiter, «verschwunden und vergessen, und nur das eine steht: die ernste Pflicht mit Preußen und jedem deutschen Stamme vereint für Deutschland zu gehen.»

Wie groß das Ausmaß der Begeisterung tatsächlich war, und welche Regionen und Schichten vom nationalen Rausch erfasst waren, ist im Einzelnen strittig. Spätestens die Augustsiege, vor allem aber der Sieg bei Sedan und die Gefangennahme Napoleons III. ließen die nationale Stimmung jedoch überall ansteigen. Kritikern, die, wie in München, bei einer der vielen Siegesfeiern, aus Protest gegen die drohende Verpreußung ihre Fenster nicht als Zeichen des Sieges beleuchteten, warf die tobende Menge die Scheiben ein. Dementsprechend groß war auch der direkte und indirekte Druck auf die verantwortlichen Politiker und Monarchen: «Es würde gegen die Natur der Dinge sein, wenn man sich dem Glauben hingeben wollte, dass das deutsche Volk nach den Erlebnissen des Krieges wieder ruhig in die frühere Zerrissenheit zurückkehren und durch die Beibehaltung der Mainlinie als einer unübersteiglichen Grenze des deutschen Nordens und Südens sich werde befriedigen lassen», ließ der sächsische Außenminister Richard Freiherr v. Friesen über den dortigen Gesandten der Regierung in München Mitte September 1870 mitteilen.

Allerdings sollte angesichts dieser Stimmung nicht übersehen werden, dass es weiterhin viele Menschen gab, die der Reichsgründung, aber auch dem Krieg skeptisch, wenn nicht ablehnend gegenüberstanden. «Die Stadt ist voll von Kranken und Verwundeten; zu jeder Stunde kann man sicher sein, militärischen Leichenzügen oder neuen Lazaretttransporten zu begegnen. Einige tausend französische Gefangene haben wir auch; sie gehen teilweise frei umher, erfreuen sich guter Behandlung und scheinen guter Dinge zu sein. Hier herrscht auch nicht die Spur von Begeisterung für den Krieg; was die Zeitungen in dieser Beziehung erzählen, ist die reinste Erfindung. Das Land leidet schrecklich; jede Tätigkeit ist so gut wie eingestellt; halbwüchsige Knaben und Familienväter mittleren Alters werden zu den Fahnen gerufen und nach Frankreich geschickt; fast jede Familie hat Trauer; viele haben alle ihre abkommandierten Verwandten verloren, und noch kennt man die Verlustlisten der letzten sechs Wochen nicht. Wie gesagt, es lebt sich ungemütlich hier», notierte der in Dresden lebende norwegische Dichter Henrik Ibsen im Oktober. Verhalten, wenn nicht ablehnend war die Stimmung in manchen Teilen des Südens oder in den von Preußen 1866 annektierten Gebieten. Mit großem Unmut berichtete beispielsweise der Oberpräsident von Hannover Ende Oktober, dass es trotz Anzeichen der Verbesserung Partikularisten «noch in ziemlicher Anzahl» gebe. Dies war nur eine von vielen Stimmen.

Als zusätzlicher Spaltpilz erwies sich auch die Annexionsfrage. Hier war es vor allem die junge, wenngleich kleine Arbeiterbewegung, die sich grundsätzlich dagegen aussprach. Politisch war dies ohne Bedeutung. Es trug aber dazu bei, die Arbeiterbewegung schon früh mit dem Stigma der «vaterlandslosen Gesellen» zu versehen, das sie lange Zeit nicht mehr loswerden sollte.

Die Verantwortlichen verhandelten in diesen Monaten über die nationale Einigung, auch wenn manche wie der preußische Kronprinz Friedrich Wilhelm den Süddeutschen die deutsche Einheit angesichts der militärischen Lage und der nationalen Begeisterung am liebsten einfach aufgezwungen hätten. Bismarcks Strategie entsprach nicht nur den Zusagen an die süddeutschen Regierungen bei Kriegsbeginn, ihre Rechte zu achten, sondern erschien ihm im Hinblick auf die keineswegs verschwundenen Ressentiments in manchen süddeutschen Kreisen bis hin zu den regierenden Monarchen auch ein Gebot der politischen Vernunft. Ende September begannen die Verhandlungen, die schließlich im November 1870 abgeschlossen waren. Weitgehend problemlos verliefen die Gespräche mit den Regierungen Badens und Hessen-Darmstadts. Mitte November traten diese vorbehaltlos dem Norddeutschen Bund bei. Bayern, das lange Zeit an der Idee eines doppelten Bundes zwischen Nord und Süd festgehalten hatte, folgte wenig später, nachdem Bismarck einerseits mit einer Einigung von «unten» gedroht, Bayern andererseits aber auch wichtige Reservatrechte bezüglich der Bayerischen Armee, im Post- und Telegraphen- sowie beim Eisenbahnwesen und in Steuerfragen, nicht aber in der Außenpolitik zugestanden hatte. Auch Württemberg unterzeichnete anschließend den Einigungsvertrag.

Einzig die «Kaiserfrage» war zeitweilig ein Problem. Aus politischen, aber auch aus psychologischen Gründen hielt Bismarck einen bayerischen Antrag an den preußischen König für notwendig. So ungern er dies auch tat, aus Gründen «politischer Klugheit» und im «Interesse der Krone und des Landes», schrieb König Ludwig II. von Bayern am 30. November 1870 schließlich einen von Bismarck aufgesetzten und nur leicht abgewandelten Brief an Wilhelm I. Darin bat er den preußischen König im Namen der anderen Fürsten, die Kaiserkrone anzunehmen. Inwieweit Bismarck dem bayerischen König, der wegen des Baus extravaganter Schlösser in Geldnöten steckte, die Zustimmung zur Kaiserwürde für den preußischen König regelrecht abgekauft hat, ist umstritten. Gleichwohl, mit seinem «Kaiserbrief» machte er den Weg für die Reichsgründung von oben frei.

Sieg und Frieden. Dass die Reichsgründung am 18. Januar 1871 mit dem Ende des Krieges zusammenfiel, war in gewisser Hinsicht Zufall. Nach dem Scheitern des fast zeitgleichen letzten Ausfallversuchs sahen die Verantwortlichen in Paris indes keinen Ausweg mehr. Der Weg zu einem Frieden war jedoch nicht nur militärisch lang gewesen. Dies hing nicht zuletzt damit zusammen, dass die Öffentlichkeit auf beiden Seiten im Gegensatz zu früheren Kabinettskriegen großen Anteil an den Verhandlungen nahm. «Beide kämpfenden Nationen sind in diesem erbitterten Kampfe dahin gelangt, es für eine Ehrenpflicht zu halten, dass nicht nachgegeben oder von den gestellten Forderungen etwas abgelassen werde. Der Boden für eine Verständigung wird daher von Tag zu Tag schwerer zu finden sein. Vielleicht trifft hierbei die Regierungen beider Länder ein Vorwurf: Sie haben Geister heraufbeschworen, die sie jetzt nicht zu bändigen vermögen, und Losungen unbedacht ausgegeben, welche die öffentliche Meinung sich nunmehr angeeignet hat», hatte Kronprinz Friedrich Wilhelm am Silvestertag 1870 zutreffend notiert.

Gemeint war damit nicht nur die Art des Krieges. Bereits mit den Siegen im Westen hatte in Deutschland eine Diskussion über dessen Ziele eingesetzt. Viele forderten einen harten, «keinen faulen Frieden», so eine gängige Formel. Der Wille, Frankreich zu schwächen, war untrennbar verbunden mit der Forderung nach der Inbesitznahme des Elsass und Lothringens.

Bereits in den 1830er Jahren, während des Hambacher Festes, hatten Teile der Nationalbewegung die Rückkehr der beiden Provinzen gefordert, die Ludwig XIV. einst geraubt hatte – so die Perspektive der Nationalbewegung.

Der Ruf nach einer Annexion oder, so die Deutung der Vertreter dieser Forderung, nach Rückkehr von Elsass und Lothringen ins Reich war insofern nur konsequent. «Wir wollen ehrlicher sein wie er», hieß es bereits am 25. Juli 1870 in den *Münchener Neuesten Nachrichten*, einer der führenden liberalen Zeitungen, als Replik auf Aufrufe Napoleons III., «wir wollen keinen Fußbreit von Frankreichs Boden nehmen, aber das deutsche Gebiet, unser städtereiches Elsass, unser herrliches Lothringen, das Ludwig XIV. durch seine Reunionen geraubt, wollen wir holen und sie für alle Zeiten behalten.»

Bismarck teilte den nationalen Enthusiasmus der Annexionsbewegung nicht. Dazu dachte er zu preußisch. Nach anfänglich eher vagen Äußerungen zu diesem Thema forderte jedoch auch er nach den ersten großen Siegen im Kriegsrat von Herny (14. August 1870) ebenfalls den Anschluss der Provinzen. Die Forderungen der Nationalbewegung spielten für seinen Entschluss jedoch keine Rolle. Entscheidend für ihn waren politische und strategische Gründe. «Der Elsass», so schrieb er in einem Brief vom 23. September 1870 an den preußischen Innenminister, «ist für Deutschland unentbehrlich als Verschluss der offnen Südwestgrenze, als Zubehör der Grenzfestungen, gewissermaßen wie ein großes Glacis derselben». An diesem Leitgedanken hielt Bismarck bis zum Ende des Krieges fest, auch wenn das Ausmaß der Gebiete, vor allem in Lothringen, die er annektieren wollte, zwischenzeitlich variierte. «Wir dürfen uns nicht darüber täuschen», hieß es bereits am 13. September 1870 in einem Erlass an die norddeutschen Gesandtschaften, «dass wir uns nun infolge dieses Krieges auf einen baldigen neuen Angriff von Frankreich und nicht auf einen dauerhaften Frieden gefasst machen müssen, und das ganz unabhängig von den Bedingungen, welche wir etwa Frankreich stellen möchten. Es ist die Niederlage an sich, es ist unsere siegreiche Abwehr ihres frevelhaften Angriffs, welche die französische Nation uns nie verzeihen wird.» Elsass und Lothringen waren vor diesem Hintergrund das «Glacis», so sollte er später im Reichstag die Annexion begründen, «wenn Frankreich entweder bei eigener Erstarkung oder im Besitz von Bundesgenossen uns den Handschuh wieder hinwerfen sollte».

Alle Verhandlungen mit Vertretern der provisorischen Regierung in Paris wie auch denen des gestürzten Kaisers standen somit unter keinem guten Stern. Der Verzicht auf französisches Gebiet kam für beide nicht infrage. Ein Waffenstillstand, den Bismarck bereits Mitte September 1870, auf dem Weg nach Paris, der neuen Regierung angeboten hatte, scheiterte an seiner Weigerung, auf die Provinzen zu verzichten. Ganz abgesehen davon, dass dieser nur Sinn gemacht hätte, wenn dem Waffenstillstand Verhandlungen über einen Frieden unmittelbar gefolgt wären. Doch dazu war die französische Seite nicht bereit, hätte sie damit doch auch die endgültige Niederlage eingestehen müssen.

Ungeachtet mancher Gespräche, die Bismarck mit der Regierung in Paris auf der einen, Vertretern Napoleons III. auf der anderen Seite führte, ging der Krieg daher weiter. Erst nachdem alle Ausbruchs- und Entsatzversuche gescheitert waren, war die provisorische Regierung in Paris verhandlungsbereit.

Am 28. Januar 1871 kapitulierte Paris, zugleich trat damit ein auf 21 Tage befristeter Waffenstillstand in Kraft. Einen Monat später, nachdem in der neugewählten französischen Nationalversammlung die gemäßigten Parteien eine überwältigende Mehrheit errungen hatten, begannen die Verhandlungen über einen Vorfrieden. Dieser wurde am 26. Februar in Versailles unterzeichnet. Darin verpflichtete sich Frankreich zur Abtretung des Elsass und von Teilen Lothringens einschließlich der Festung Metz sowie zur Zahlung einer Kriegsentschädigung. Bis zu deren vollständiger Entrichtung – vorgesehen war der 2. März 1874 – sollte das Deutsche Reich Teile Frankreichs besetzt halten. In weiteren Verhandlungen sollten Details geregelt werden. Bei diesen Verhandlungen, die im neutralen Brüssel stattfanden, gelang es den französischen Vertretern, die Kriegsentschädigung von den ursprünglich geforderten sechs auf fünf Milliarden

Franc zu verringern sowie die Rückgabe von Belfort zu erreichen. Ihr erneuter Versuch, die Verhandlungen in die Länge zu ziehen, um die Neutralen auf die Seite Frankreichs zu ziehen und durch deren Druck das Reich zu einer generellen Milderung der Bedingungen zu veranlassen, scheiterte jedoch. Ende April 1871 drohte Bismarck schließlich mit einer «Wiedereröffnung der Feinseligkeiten», um ausländische Interventionen zu verhindern. Am 10. Mai unterzeichneten der Reichskanzler und der französische Außenminister Favre schließlich den endgültigen Friedensvertrag in Frankfurt am Main. Angesichts des Commune-Aufstands, für dessen Bekämpfung die republikanische Regierung alle Kräfte, aber auch die Unterstützung des Reiches benötigte, hatte sie allerdings auch keine andere Wahl mehr. Dieser Frieden bestätigte im Wesentlichen die Bestimmungen des Vorfriedens. Die Regelung noch offener Details, darunter die genaue Grenzziehung, die Räumung eines Teils der besetzten Gebiete sowie die Verringerung der Besatzungstruppen von 545 000 Mann im Mai auf schließlich 50 000 erfolgte bis Mitte Dezember 1871.

Der Frankfurter Friede war hart, und ob er weise war, ist bis heute umstritten. Bismarck selbst hat daran oft genug gezweifelt. Auch wenn das Prinzip «tu quoque» politisch-moralisch fragwürdig ist, sollte der Vollständigkeit halber erwähnt werden, dass ein Frieden, wenn Frankreich den Krieg gewonnen hätte, vermutlich kaum klüger ausgefallen wäre. Der Katalog der Ziele Napoleons III. war beachtlich und ging weit über die immer wieder geforderte Rheingrenze hinaus: Wiederherstellung des Königreichs Hannover, Rückgabe Südschleswigs an Dänemark, Wiederherstellung des alten Deutschen Bundes, Schleifen der Bundesfestungen in Rastatt und Mainz sowie die Verkleinerung Preußens gehörten dazu. Geschichtsmächtig ist diese Politik nicht geworden. Bismarck hat hingegen, sosehr er auch, wie noch zu sehen sein wird, seine Entscheidungen 1870/71 verteidigen sollte, eine Lehre aus diesem Krieg gezogen: konsequent Friedenspolitik zu betreiben. Denn eines war ihm klar geworden – ein einmal begonnener «Nationalkrieg [war] selbst bei militärisch eindeutigem Ausgang kaum noch zu einem der europäischen Tradition entsprechenden Abschluss» zu bringen (Eberhard Kolb).

Siegesfeiern. Auf den Sieg folgten die Siegesfeiern, so wie es alten Traditionen zufolge üblich war. Wie einst 1814 und 1815, nach den Siegen über Napoleon I., paradierten am 1. März 1871 30 000 Soldaten im Bois de Boulogne und auf den Champs Elysées. Die Pariser Bevölkerung verfolgte dieses Schauspiel zumeist mit kaum verhüllter Empörung, nicht zuletzt, weil preußische Dragoner jede Form des Protests niederritten.

Die eigentliche Siegesfeier fand am 16. Juni, dem Jahrestag des Sieges über Napoleon I. bei Waterloo 1815, in Berlin statt – bei strahlendem Kaiserwetter. 20 000 Soldaten aus allen Bundesstaaten und allen Waffengattungen einschließlich der Marine marschierten stundenlang durch eine festlich geschmückte Stadt. Auf die Berliner Feier folgten zahllose Siegesfeiern überall im Reich. Sie waren aber nicht immer so spektakulär wie in Berlin. Sie ließen zugleich erkennen, wie schwer sich manche Bundesfürsten mit der Unterordnung unter den preußischen König taten. So nahmen in München zwar König Ludwig II. und der Kronprinz, unter dessen Kommando die Bayern gekämpft hatten, die Siegesparade unter dem Jubel der Bevölkerung ab. Anders als die Menge auf den Straßen jubelte Ludwig II. nicht; für ihn war es der erste «Vasallenritt». Die Teilnahme des Kronprinzen am Festessen der Stadt München versuchte er dann auch mit allen Mitteln zu verhindern. Da ihm dies nicht gelang, blieb der bayerische König diesem selber demonstrativ fern. Die Aufgabe, aus vielen Einzelstaaten nicht nur einen Bundesstaat, sondern auch eine wirkliche Nation zu machen, musste erst noch gemeistert werden.

Über den Sieg zu sprechen, darf aber nicht bedeuten, die Opfer zu vergessen. Dem offiziellen preußischen Generalstabswerk zufolge waren 1871 Offiziere und 26 397 Mannschaftssoldaten gefallen sowie 4184 Offiziere und 84 304 Mannschaftssoldaten verwundet worden. 102 Offiziere und 12 752 Mannschaftssoldaten galten als vermisst. Doch nicht nur die Zahl der Toten und Verwundeten ließ erkennen, dass dieser eigentlich kurze

Krieg einen ganz anderen Charakter angenommen hatte. Dies zeigt auch die Zahl derer, die in dem Krieg gekämpft hatten. Am Ende hatten 33 101 Offiziere und 1 113 254 Mannschaften im Feld gestanden. Hinzu kamen weitere 9319 Offiziere und 338738 Mannschaften an der «Heimatfront». Das Zeitalter der Millionenheere, die schließlich 1914–18 in ganz anderer Weise aufeinandertreffen sollten, nahm hier seinen Anfang. Auf die Auswirkungen des Krieges auf die Heimat, sei es in der Form von Arbeitslosigkeit durch die Umstellung der Wirtschaft auf den Krieg, Einquartierungen oder kommunale Belastungen, vor allem aber durch das Elend der Kriegerwitwen oder der durch Verwundung von Soldaten verursachten Not soll hier wenigstens hingewiesen werden.

Die französischen Verluste sollten ebenfalls nicht vergessen werden, auch wenn die Zahlen umstritten sind. Insgesamt starben 138 871 Menschen, verwundet wurden 143 000. Diese Zahlen enthalten allerdings auch die zivilen Opfer, zumal die des Commune-Aufstands, die beträchtlich waren.

6 Bürde für die Zukunft? Die Reichsgründung «von oben»

Erwartungen. Am 21. März 1871 trat der erste Reichstag des Deutschen Reiches zu seiner ersten Sitzung zusammen. Im Weißen Saal des Berliner Schlosses versammelten sich Bundesfürsten und Abgeordnete, aber auch Generale der siegreichen Armee, Diplomaten und Beamte der Ministerien sowie Angehörige des Hofes. Nach einem feierlichen Gottesdienst hielt Kaiser Wilhelm I. die von Bismarck formulierte Eröffnungsrede: «Das Bewusstsein seiner Einheit», hieß es darin gleich zu Beginn, «war in dem deutschen Volke, wenn auch verhüllt, doch stets lebendig; es hat seine Hülle gesprengt in der Begeisterung, mit welcher die gesamte Nation sich zur Verteidigung des bedrohten Vaterlandes erhob und in unvertilgbarer Schrift auf den

Schlachtfeldern Frankreichs ihren Willen verzeichnete, ein einiges Volk zu sein und zu bleiben.» «Möge», so Wilhelm I. im weiteren Verlauf seiner Ansprache, «die Wiederherstellung des deutschen Reiches für die deutsche Nation [...] nach Innen das Wahrzeichen neuer Größe sein.»

Auf den ersten Blick war dies eine versöhnliche Rede. Doch wie sah die Realität aus? Welche Erwartungen gab es jenseits der allgemeinen Freude über die vollendete Einheit? Ein Indiz für diese Erwartungen ist der Aufruf des Offenburger Rechtsanwalts Carl Eckhard. Dem liberalen Credo und wohl auch der Überzeugung vieler Zeitgenossen entsprechend, forderte er darin, dass man nun «an dem großen Werke weiterarbeiten und dem nun geeinigten Deutschland mit der Zeit erringen [müsse], was unserem Einigungswerk die letzte und höchste Weihe erteilt – eine gesunde Entwicklung des gesamten Verfassungslebens des deutschen Staates. Wie die deutschen Krieger von Sieg zu Sieg eilten und so die Einigung Deutschlands ermöglichten, so wird, bei gleicher Tapferkeit der politischen Streiter, mit Gottes Hilfe auch die Freiheit in das neuentstandene Reich ihren siegreichen Einzug halten».

Aus süddeutscher Sicht war diese Forderung angesichts der Tatsache, dass der Nationalstaat einen unübersehbar spezifisch-autoritären, großpreußischen Charakter hatte, nicht unbegründet. Zur selbstbewussten Genugtuung der Liberalen, und hierin zeigt sich das Doppelgesicht der Reichsgründung von 1871, war das Reich als ein nationaler Verfassungsstaat gegründet worden. Dieser erfüllte keineswegs alle, aber doch wesentliche Ziele, die seit dem Vormärz erstrebt worden waren.

Reichsverfassung, Parteien und politisches Leben. Betrachtet man die ersten Jahre nach der Reichsgründung, dann schien eine Erfüllung dieses liberalen «Traumes» nicht ausgeschlossen. Dies zeigt ein Blick auf die Reichsverfassung. Deren abschließende Beratung gehörte zu den wichtigsten Aufgaben des am 3. März 1871 gewählten ersten deutschen Reichstages.

Diese Verfassung, die die gewählten 382 Abgeordneten mit überwältigender Mehrheit am 14. April verabschiedeten, ist häufig als ein Beispiel dafür gedeutet worden, dass das Kaiserreich eine «unfertige Nation» und ein Land der Widersprüche gewesen sei. Im Vergleich zu den Ländern Westeuropas habe es einen «Sonderweg» beschritten, der erst mit der Unterzeichnung des sogenannten Diktatfriedens 1919 im Spiegelsaal von Versailles – dem Ort der Reichsgründung – ein halbes Jahrhundert später sein Ende gefunden habe.

Dieses Bild ist richtig und falsch zugleich. Unübersehbaren beharrenden Tendenzen in einigen Bereichen steht eine erstaunliche Modernität in anderen gegenüber. So war die Reichsverfassung allein von der Verteilung der Gewichte zwischen Kaiser, Regierung und Parlament zweifellos darauf ausgerichtet, die überlieferte monarchische und gesellschaftliche Ordnung zu bewahren. Die Fürsten, nicht das Volk, übten die oberste Staatsgewalt aus. Die Rechte des Reichstags waren eingeschränkt. Auf Regierung, Diplomatie und Verwaltung hatte er wenig Einfluss. Auch das Militär konnte seine Sonderstellung bis zuletzt wahren. Die Grundlagen der überlieferten politischen und gesellschaftlichen Ordnung blieben daher weitgehend unangetastet.

Dennoch war das Kaiserreich kein reiner Obrigkeitsstaat. In vielen Bereichen stellte die Verfassung vielmehr einen Kompromiss zwischen den wichtigsten Tendenzen der Zeit dar. So war das Reich trotz der eingeschränkten Rechte des Reichstages ein Verfassungs- und Rechtsstaat, selbst wenn es keine garantierten Grundrechte gab. Verantwortlich für das Fehlen solcher Rechte waren allerdings die Parteien selber. Im aufziehenden Kulturkampf wollten die Liberalen der katholischen Kirche keine verfassungsmäßig verbrieften Rechte gewähren. Auch zahlreiche Ausnahmegesetze, die der Justiz die Verfolgung von «Reichsfeinden» oder ethnischen Minderheiten erlaubten, beruhten auf der Zustimmung der Mehrheit des Reichstages und nicht allein auf dem Willen der Regierung.

Darüber hinaus war das Reich ein Bundesstaat. 58 Delegierte vertraten im Bundesrat die Interessen ihrer Regierungen. Entsprechend ihrer Größe wie auch ihrer Macht verfügten die einzelnen Bundesstaaten über unterschiedlich viele Stimmen: Preußen war mit 17 Stimmen der stärkste Staat, Bayern folgte mit sechs, Sachsen und Württemberg mit je vier, Hessen und Baden mit je drei, Mecklenburg-Schwerin und Braunschweig mit je zwei Stimmen. Alle anderen Bundesstaaten besaßen jeweils nur eine Stimme. Ausgeübt wurde das Stimmrecht durch besondere Bevollmächtigte beim Bundesrat. Seit 1911 war auch das Reichsland Elsass-Lothringen mit drei Stimmen vertreten.

Formal schien diese Regelung sicherzustellen, dass das Reich nicht von Preußen dominiert wurde. In der Praxis war es angesichts des politischen und wirtschaftlichen Gewichts Preußens unwahrscheinlich, dass sich kleinere Bundesstaaten gegen die Hegemonialmacht stellen und damit einen schwerwiegenden Konflikt auslösen würden. Doch so stark die Stellung Preußens im Gefüge des Reiches auch war, im Innern ließ die föderative Ordnung den 25 Bundesstaaten viel Spielraum bei der Bewahrung und Weiterentwicklung ihrer überkommenen politischen, gesellschaftlichen und kulturellen Traditionen.

Der Bundesrat war allerdings nicht nur ein Organ zur Wahrung der Interessen der Bundesstaaten; er war zugleich sowohl Träger der exekutiven Gewalt als auch Teil der Legislative. Zusammen mit dem Reichstag beriet der Bundesrat über die Gesetze; wie dieser konnte er Gesetzesvorschläge einbringen. Gemeinsam mit dem Kaiser übte er zugleich das Präsidium des Bundes aus. Reichskanzler und Staatssekretäre waren verfassungsrechtlich nicht mehr als Vertreter des Bundesrats. Wie stark die Stellung des Bundesrats formal war, zeigt dessen Recht, den Reichstag einzuberufen oder auch aufzulösen. Umgekehrt aber hatte dieser keine Möglichkeit, den Bundesrat und die verbündeten Regierungen anzugreifen und zur Rechenschaft zu ziehen. Um allen Parlamentarisierungstendenzen Einhalt zu gebieten, verbot die Reichsverfassung ausdrücklich, dass Angehörige des Reichstags Mitglieder des Bundesrats wurden. Auch Kriegserklärungen bedurften seiner Zustimmung, nicht aber der des Reichstages. Eine Besonderheit der Reichsverfassung war, dass der Bundesrat, entgegen allen Theorien der Gewaltenteilung, auch für die Lösung von Verfassungsstreitigkeiten zuständig war.

Trotz dieser formal starken Stellung des Bundesrats war in

der Praxis der Kanzler, und das hieß bis 1890 Bismarck, der Kern der Regierung. Dies bedeutete aber nicht, dass der Bundesrat eine reine Zustimmungsmaschine des Kanzlers war, denn trotz seiner starken Position musste auch er sich immer wieder bundesfreundlich verhalten. Erst die Verfassungsänderungen vom 28. Oktober 1918 änderten das Verhältnis zwischen Regierung und Parlament. Der Reichskanzler bedurfte nun nur des Vertrauens des Reichstages. Auch bei der Erklärung von Kriegen und dem Abschluss von Verträgen mit fremden Staaten war jetzt zwingend die Zustimmung des Reichstages erforderlich. Die folgende Revolution konnten diese Änderungen jedoch nicht mehr aufhalten.

Doch so stark der Bundesrat in dieser Verfassungskonstruktion war, auch der Reichstag verfügte über erhebliche Rechte. Zwar erfüllte die Verfassung keineswegs alle Wünsche der Liberalen, dennoch bedeutete sie einen erheblichen Fortschritt: Monarch und Regierung waren nun an das Recht gebunden. Ohne Zustimmung des Reichstages konnten sie trotz des Weiterbestehens älterer Reservatrechte nicht regieren. Neue Gesetze, vor allem aber der jährliche Haushalt, bedurften seiner Zustimmung. Zudem konnte der Reichstag Gesetzentwürfe einbringen oder mithilfe von Interpellationen die Regierung zu – oft unliebsamen – Stellungnahmen auffordern. Die Abhängigkeit der Regierung von der Zustimmung des Reichstags in entscheidenden Fragen enthielt zudem Möglichkeiten einer freiheitlichen Weiterentwicklung der Verfassungsordnung.

Insofern waren die feierlichen Eröffnungen des Reichstages zu Beginn der Sitzungsperioden im Stadtschloss zwar ein Spiegelbild der besonderen Rolle des Kaisers im Verfassungsgefüge und auch gegenüber dem Reichstag. Im politischen Alltag war die Regierung jedoch darauf angewiesen, sich mit den Parteien des Reichstags zu einigen. Staatsstreichdrohungen und Reichstagsauflösungen konnten dauerhaft ein Aufeinanderzugehen von Regierung und Parlament gerade bei umstrittenen Fragen nicht ersetzen. Gleichwohl, abhängig werden wollte und durfte die Regierung nach Bismarcks Standpunkt vom Parlament nicht. «Die Regierung braucht für ihre Vorlagen Majoritäten –

wer sie ihr verschafft, mit dem tritt sie notwendig in Interessengemeinschaft», so seine grundsätzliche Auffassung vom Wesen des Konstitutionalismus.

Die Stärke des Parlaments beruhte nicht zuletzt darauf, dass es tatsächlich die Repräsentation des Volkes war. So unübersehbar der obrigkeitsstaatliche Charakter der Reichsverfassung auch war, so erstaunlich war es, dass sie eines der modernsten Wahlrechte ihrer Zeit garantierte: das allgemeine, gleiche, direkte und geheime Wahlrecht. Dieses galt zwar nur für Männer über 25 Jahren. Im Vergleich zu anderen Wahlrechten in den Bundesstaaten und außerhalb des Reiches war es jedoch ausgesprochen fortschrittlich und demokratisch. Klassenwahlrechte, nach denen die Bürger entsprechend ihrem Einkommen zumeist offen und indirekt wählten, waren hier die Regel. Dies galt selbst für die «Mutter» der parlamentarischen Demokratie, England.

Verantwortlich für diese Entscheidung, an das Wahlrecht der gescheiterten Reichsverfassung von 1848/49 anzuknüpfen, waren, wie gesehen, Bismarcks Erfahrungen im Heeres- und Verfassungskonflikt. Bismarck hat die Einführung des allgemeinen Wahlrechts später bereut. Sein Kalkül, die Landbevölkerung gegen die städtischen Liberalen zu mobilisieren, war nicht aufgegangen. Im Gegenteil: Die Landflucht im Zuge der Industrialisierung vergrößerte schnell die Zahl der Arbeiter. Diese wählten die einzige Partei, die ihre Interessen vertrat: die Sozialdemokratische Partei, die als «Reichsfeind» galt. Überlegungen, das allgemeine Wahlrecht mithilfe eines Staatsstreiches wieder abzuschaffen, waren jedoch unrealistisch. Umso stärker verteidigten Bismarck und die Konservativen das preußische Dreiklassenwahlrecht als eine letzte Bastion des Obrigkeitsstaates.

Vor diesem Hintergrund trifft, ungeachtet vieler Überhänge aus vormodernen Zeiten, die spöttische Deutung des Sozialdemokraten Wilhelm Liebknecht, die Verfassung sei kaum mehr als ein «Organisationsstatut einer Versicherungsgesellschaft gegen die Revolution» gewesen, in dieser überspitzten Form nicht zu. Der Staatsstreich der Fürsten, den Bismarck gelegentlich beschwor, um die Kräfte der Veränderung in die Schranken zu weisen, ließ manchen ängstlichen Liberalen vor zu weitgehenden Forderungen zurückschrecken; je schneller jedoch Gesellschaft und Wirtschaft sich wandelten, je mehr Parteien und Öffentlichkeit sich am politischen Leben beteiligten, umso unwahrscheinlicher wurde dieser.

Politisierung, Wahlen und Parteien. Bei den Reichstagswahlen vom 3. März 1871 kristallisierte sich bereits das Fünf-Parteien-System heraus, das trotz mancher Parteispaltungen bis zum Ende des Kaiserreichs Bestand haben sollte: Nationalliberale (33 Prozent/125 Sitze), Linksliberale (20 Prozent/77 Sitze), Konservative (25 Prozent/94 Sitze), Zentrum (16 Prozent/63 Sitze) und Sozialdemokraten (1 Prozent/2 Sitze) waren im Reichstag vertreten. Das Mehrheitswahlrecht verzerrte allerdings den Willen der Wähler und war daher bald Gegenstand massiver Kritik.

In dem Wechselspiel von Regierung und Parlament hing viel von den Parteien ab, die im Reichstag vertreten waren. Das allgemeine Wahlrecht förderte die Entwicklung des Parteiwesens nach 1871. Aus zunächst losen Vereinigungen wurden bald fest gefügte Organisationen. Mit Programmen warben sie um die wahlberechtigte Bevölkerung, deren Interessen sie im Reichstag vertraten. Diese beteiligte sich von Wahl zu Wahl stärker am politischen Geschehen. An der Bildung von Regierungen waren die Parteien aber nicht beteiligt. Daher lernten sie auch nicht, ihre Ziele am politisch Machbaren auszurichten, Interessengegensätze durch Kompromisse zu überbrücken und Koalitionen zu erproben.

Die Wahlkreiseinteilung in Verbindung mit dem Mehrheitswahlrecht führte zu gewissen Abweichungen der Zusammensetzung des Reichstags gegenüber dem Wählerwillen. Vor allem für die konservativen Parteien und das katholische Zentrum waren diese Regelungen von Vorteil. Trotz geringerer Stimmenzahl verfügten sie oft über mehr Mandate als die Sozialdemokratie oder die liberalen Parteien.

Innerhalb dieses «Rahmens» bewegten sich Bismarck und die Parteien nach der Reichsgründung. Auffallend dabei ist eine – zumindest auf den ersten Blick – erstaunlich reibungslose

Zusammenarbeit zwischen dem Kanzler und der zunächst wichtigsten Partei im Reichstag, den Nationalliberalen. Die erfolgreiche Reichsgründung hatte in der Tat deren wichtigste Forderung – die nationale Einheit – erfüllt. Auch in anderen Bereichen sah es so aus, als ob Bismarck deren Forderungen entgegenkommen würde. Wie bereits zuvor im Reichstag des Norddeutschen Bundes setzten Regierung und Reichstagsmehrheit ihre Zusammenarbeit bei der konkreten Ausgestaltung der inneren Einheit nahezu reibungslos fort. Eine Fülle grundlegender Gesetze wurde in schneller Folge verabschiedet. Zu diesen gehörten unter anderem das Handelsgesetzbuch, ein neues Aktienrecht oder auch die Einführung einer gemeinsamen Währung, der Mark. Hinzu kam ein einheitliches Strafgesetzbuch. Auch die Arbeiten an einem Gesetzbuch – dem späteren Bürgerlichen Gesetzbuch –, das alle zivilrechtlichen Fragen einheitlich regelte, wurden in dieser Zeit aufgenommen. Diese Maßnahmen, dies darf nicht vergessen werden, trugen maßgeblich dazu bei, aus einem Staatenbund innerhalb kurzer Zeit einen wirklichen Bundesstaat zu machen.

Die Liberalen hatten daher allen Grund, optimistisch in die Zukunft zu blicken, zumal letztlich, so die zeitgenössische Auffassung, auch in dem klassischen Land des Parlamentarismus, England, die konkrete Ausgestaltung des Verhältnisses zwischen Parlament und Regierung eine Frage der Praxis, nicht der Theorie gewesen war. Die Tatsache, dass die Nationalliberalen in den beiden 1871 bzw. 1874 gewählten Reichstagen quasi «Regierungspartei» waren, ließ hoffen, dass der angestrebten «Einheit» bald auch die mit diesem Traum verbundene «Freiheit» folgen würde. Selbst in Bezug auf wichtige innenpolitische Fragen wie die Bekämpfung «der Mächte der Finsternis», des politischen Katholizismus, zogen die Liberalen und Bismarck, wenn auch aus unterschiedlichen Motiven, gemeinsam an einem Strang. Aus dieser Perspektive betrachtet, war Bismarck ungeachtet seiner autoritären Tendenzen der Hegel'sche «Weltgeist», der das Geschäft der Liberalen betrieb, zumindest bis zur «konservativen Wende 1878/79».

Es war allerdings fraglich, wie lange Bismarck mit den Kräften der Veränderung zusammenarbeiten würde. 1862 war er, wie der Historiker Lothar Gall zu Recht betont hat, als «weißer Revolutionär» angetreten, der sich moderner Mittel bediente, um das Überkommene zu bewahren. 1871 erschien ihm diese Revolution «vollendet»; der für sein Ziel konstitutive und charakteristische Ausgleich zwischen den traditionellen und den neu herandrängenden bürgerlichen Führungsschichten und ihren jeweiligen Erwartungen, Ideen und Interessen erreicht. «Saturiertheit» – nicht nur nach außen, sondern auch nach innen war daher aus seiner Sicht das Gebot der Stunde. Dies zu erreichen, den historischen Prozess quasi anzuhalten und die freigesetzten Kräfte zu zähmen, sollte ihm freilich genauso wenig gelingen wie dem «Zauberlehrling» in Goethes Gedicht.

Die liberalen «Blütenträume» zerplatzten daher eher als erwartet. Verantwortlich dafür war zunächst die allgemeine Diskreditierung liberaler Ideen infolge der «Großen Depression» seit 1873. Darüber hinaus erwies es sich als unmöglich, in wichtigen Fragen wie der Militärorganisation, der Schutzzollfrage und der Finanzreform liberalen Forderungen Geltung zu verschaffen. Nicht zuletzt aus grundsätzlichen innen- und finanzpolitischen Erwägungen heraus nutzte Bismarck – wenn auch wohl zunächst eher zögerlich und tastend, ohne einem «Generalplan» zu folgen – die politischen Auseinandersetzungen hierüber, um die Liberalen zu spalten. Dieses Ziel hat er dann auch 1879 erreicht, freilich um den Preis des Verlusts einer stabilen Mehrheit im Reichstag.

Bruchlinien und der Kampf gegen «Reichsfeinde». Die konservative Wende spaltete jedoch nicht nur die Liberalen. Auch die Hoffnungen, Staat und Gesellschaft im liberalen Sinne fortzuentwickeln, waren damit zumindest vorläufig zerstört. Verantwortlich dafür war nicht nur der Machiavellismus des Kanzlers, sondern auch der Opportunismus der Liberalen. An entscheidenden Punkten hatte es diesen am nötigen Durchsetzungswillen gefehlt. Jetzt rächte sich, dass sie es stattdessen vorgezogen hatten, sich so lange als möglich im Glanz des Reichsgründers zu sonnen.

Der Bruch mit den Liberalen war jedoch nicht die einzige Bruchlinie, die das frühe Kaiserreich durchzog. Bereits unmittelbar nach der Reichsgründung war ein lang andauernder Konflikt zwischen Regierung sowie liberalen Parteien auf der einen und katholischer Bevölkerung auf der anderen Seite ausgebrochen. Die Katholiken, seit 1866 ihrer bisherigen Schutzmacht, Österreich, beraubt, waren im neuen Reich eine Minderheit. Nur ein Drittel der Bevölkerung war katholisch. Viele Katholiken, die in ihrem Glauben tief verwurzelt waren, fühlten sich von dem sich beschleunigenden Industrialisierungs- und Säkularisierungsprozess und den damit verbundenen tiefgreifenden Veränderungen in ihrem täglichen Leben bedroht. Papst Pius IX., die höchste Autorität der Kirche, hatte diesem Unbehagen in mehreren Enzykliken Ausdruck gegeben, viele Wesenselemente der modernen Welt verdammt und zugleich die Unfehlbarkeit des Papstes betont.

Dieser Versuch, den sich vollziehenden Wandel aufzuhalten, kollidierte mit der Überzeugung vieler Liberaler, endlich den modernen säkularen und rationalen Staat zu verwirklichen. Die Liberalen waren dabei keineswegs antikirchlich. Sie hielten ihre Weltanschauung und deren Zentralwerte Wissenschaft und Bildung jedoch für den Schlüssel zur Moderne und für die Grundlage des Fortschritts. Die katholische Kirche und ihre Lehren erschienen ihnen daher rückwärtsgewandt. Deshalb bekämpften sie diese – übrigens europaweit – in einem «Kulturkampf» (Rudolf Virchow).

Unter Bismarck verschärften sich die Konflikte zwischen katholischer Kirche, Liberalen und Staat. Anlass dafür waren Forderungen des Zentrums, den Papst gegen den Machtanspruch des neuen Königreichs Italien zu unterstützen sowie – entgegen den Spielregeln des Föderalismus im Reich – die die Religion betreffenden Grundrechtsartikel der preußischen Verfassung in die Reichsverfassung zu übernehmen. Auseinandersetzungen über das päpstliche Unfehlbarkeitsdogma, das die Autorität der weltlichen Macht infrage stellte, und die Furcht vor einer «katholischen Revanche-Koalition» verschärften den Konflikt innerhalb weniger Monate. Am Ende waren die Katholiken und ihre Partei isoliert. Zudem gingen Liberale und Regierung zum Angriff in diesem «Kampf zwischen Licht und Finsternis» (Volker Ullrich) über: Die katholische Abteilung im preußischen Kultusministerium wurde aufgelöst, die deutsche Gesandtschaft beim Vatikan aufgehoben. Regelrechte «Kulturkampfgesetze» schränkten die bisherigen Rechte der Kirche massiv ein. Der «Kanzelparagraph» von 1871 verbot Geistlichen, staatliche Angelegenheiten kritisch zu betrachten; das «Schulaufsichtsgesetz» (1872) schaltete den Einfluss der beiden Konfessionen auf die Schulen aus, das «Jesuitengesetz» (1872) wies alle Mitglieder des Ordens aus. Mit der «Anzeigepflicht», die die Kirche verpflichtete, die Ernennung aller Geistlichen anzuzeigen, versuchte die Regierung, unbotmäßige Geistliche durch Nichtbestätigung zu verhindern. 1874 folgte die Einführung der Zivilehe und 1875 schließlich die förmliche Aufhebung der Kirchenartikel in der preußischen Verfassung sowie die Ausdehnung der staatlichen Aufsicht über den Religionsunterricht.

Mit diesen Gesetzen griff der Staat tief in die Glaubens- und Gewissensfreiheit des Einzelnen sowie innerkirchliche Angelegenheiten ein. Zur Durchsetzung seines Anspruchs auf Autorität verfolgte er Priester und Bischöfe, die sich diesem nicht beugten, mit teilweise drakonischen Strafen. Hunderte wurden zu Haft- oder Geldstrafen verurteilt, viele gingen ins Exil oder wurden dazu gezwungen. Mitte der 1870er Jahre waren fünf von elf preußischen Bischöfen monatelang im Gefängnis, der Erzbischof von Posen-Gnesen sogar zwei Jahre lang. Hinzu kam die Überwachung der kirchlichen Presse und Vereine. Auch im Staatsdienst mancher Bundesstaaten wurden Katholiken benachteiligt, wenn sie denn überhaupt aufgenommen bzw. nicht entlassen wurden.

Trotz dieser Maßnahmen haben weder die Liberalen noch Bismarck ihre Ziele erreicht. Bischöfe, Priester und Kirchenvolk ließen sich nicht voneinander trennen. Im Gegenteil: Die Verfolgung stärkte ihr Zusammengehörigkeitsgefühl, wie der rasch wachsende Anteil katholischer Mandate im Reichstag zeigte. Bis 1912 stellte die Zentrumspartei 20–25 Prozent der Mandate im Reichstag und besaß damit eine Schlüsselstellung in der Politik, an der kein Reichskanzler vorbeikam. Auch wenn Teile der «Kulturkampfgesetzgebung» bereits in den 1880er Jahren entschärft bzw. zurückgenommen wurden, vernarbten die Wunden nur langsam. Noch Jahrzehnte später erinnerte sich Bundeskanzler Konrad Adenauer verbittert an diese Zeit der Verfolgung seiner Glaubensgenossen.

Parallel zum Kampf gegen die katholische Kirche begann Bismarck, den langsamen Aufstieg der Sozialdemokratie mit den Machtmitteln des Obrigkeitsstaates zu stoppen. Die Opposition der Sozialisten, wie sich die jungen Sozialdemokraten zunächst nannten, gegen die Annexion Elsass-Lothringens war aus seiner Sicht «Hochverrat». Nach langen Vorbereitungen und mit fragwürdigen juristischen Begründungen wurden deren Führer, August Bebel und Wilhelm Liebknecht, im Leipziger Hochverratsprozess 1872 zu zwei Jahren Festungshaft verurteilt. Bebel verlor zugleich sein Reichstagsmandat. Kaum weniger bedrohlich als diese «Vaterlandslosigkeit» war in Bismarcks Augen jedoch der gleichzeitige Angriff der Sozialisten auf die bestehende Ordnung. Aus diesem machten deren Führer auch gar keinen Hehl. So beschwor Bebel im Mai 1871 von der Bühne des Reichstages öffentlich das Gespenst der Revolution. Unter Hinweis auf den Aufstand der Commune, den französische Regierungstruppen mit deutscher Rückendeckung gerade blutig unterdrückt hatten, bezeichnete er die Kämpfe in den Pariser Arbeitervierteln als «Vorpostengefecht» und rief aus, «dass, ehe wenige Jahrzehnte vergehen, der Schlachtenruf des Pariser Proletariats: ‹Krieg den Palästen, Friede den Hütten, Tod der Not und dem Müßiggange!› der Schlachtruf des gesamten europäischen Proletariats werden wird». Bebels spätere Parole (1879) von der «Expropriation der Expropriateure» bestärkte das Gefühl der Bedrohung. Den äußeren Anlass für eine systematische Verfolgung lieferten zwei Attentate auf Kaiser Wilhelm I. im Frühjahr und Sommer 1878. Diese wurden, ohne jeden Beweis, der 1875 gegründeten Sozialistischen Arbeiterpartei Deutschlands angelastet und als Aufhänger für eine rigide Ausnahmegesetzgebung und eine über ein Jahrzehnt andauernde Verfolgung ihrer Funktionäre und Anhänger benutzt, ohne dass das angestrebte Ziel auch nur ansatzweise erreicht wurde. Im Gegenteil: Als das «Sozialistengesetz» von 1878 im Frühjahr 1890 nicht mehr verlängert wurde, war die Sozialdemokratie stärker als zuvor. Hatten 1871 gerade einmal 3,2 Prozent der Wähler ihre Stimme für die Sozialisten abgegeben, so waren es 1890 19,8 Prozent. Allein die Wahlkreiseinteilung und das Mehrheitswahlrecht hatten verhindert, dass die Zahl der Abgeordneten – 1871: zwei, 1890: 35 – diesen großen Zuwachs widerspiegelte.

Unterdrückung der Sozialdemokratie, so brutal sie zeitweilig auch war, war jedoch nur die eine Seite des Kampfes gegen den Umsturz. Die andere war die von Bismarck in den 1880er Jahren eingeleitete, im Ansatz bereits 1871 angedeutete Sozialpolitik. Die ungeheure Modernität und der epochale Charakter dieser Politik, die die soziale Not jenseits des Patriarchalismus heilen wollte, sind unbestreitbar, ihre Bedeutung für jeden Einzelnen auch heute noch erkennbar und spürbar. Die sukzessive eingeführte Kranken- und Unfallversicherung sowie die Alters- und Invalidenversicherung schufen einen einklagbaren Rechtsanspruch auf Leistungen. Existenzielle Lebensrisiken wurden mittel- und langfristig abgemildert, auch wenn die Leistungen zunächst noch sehr gering waren; dies erleichterte jenseits aller revolutionären Rhetorik die stillschweigende Integration der Arbeiter, sosehr eine kurzfristige Versöhnung aufgrund der Klassengegensätze sowie der Verweigerung der politischen Emanzipation vorerst unmöglich erschien. Im Ergebnis schuf Bismarck damit, und zwar keineswegs wider Willen und besseres Wissen, zugleich die Grundlagen für den modernen Interventions- und Wohlfahrtsstaat. Dass Bismarck durch seine Sozialpolitik auch versuchte, das Moderne ins Altmodische einzuhegen, die Loyalität des Arbeiters zu gewinnen und die Legitimität des Systems zu erhalten, indem er diesen zum Staatsrentner machte, ist zwar unübersehbar; eine derartige Verkürzung von Bismarcks Motiven auf eine reine machiavellistische Machträson wäre dennoch aber nur die halbe Wahrheit.

Dass diese Machträson, die die Erhaltung des monarchischen Prinzips zum Ziel hatte, in der Innenpolitik von großer Bedeutung war, steht außer Frage. Diese Schattenseite Bismarck'scher Politik, der eklatante Kontrast zwischen teilweise liberaler Modernität einerseits, dem gleichzeitigen Bremsen von politischen und gesellschaftlichen Entwicklungstendenzen und der unnachgiebigen Haltung gegenüber sogenannten Reichsfeinden wie dem katholischen Zentrum, der Sozialdemokratie und den ethnischen Minderheiten wie auch seiner Politik der Zertrümmerung und Domestizierung des politischen Liberalismus mit ihren weitreichenden Folgen andererseits, soll nicht verschwiegen werden. Anstatt die junge Nation zu integrieren, ihr eine verbindende und verbindliche Staatsidee zu vermitteln, förderte die Ausgrenzung dieser Bevölkerungsgruppen, Schichten und Parteien die Spaltung der Gesellschaft; kurzsichtiges politisches Kalkül und zunehmend reaktionäre Machterhaltungspolitik verhinderten die Suche nach Kompromissen und zukunftsträchtigen Lösungen; auch wenn das Kaiserreich ein konstitutioneller Verfassungsstaat war, blockierte Bismarcks Antiparlamentarismus auf lange Zeit die Weiterentwicklung zum modernen parlamentarischen und demokratischen Staatswesen nach westlichem Vorbild. Aus Bismarcks Sicht war allein der Staatsstreich oder zumindest die Drohung mit diesem ein Mittel, das Rad der Geschichte noch einmal anzuhalten. Doch dazu war, wie erwähnt, und wie Bismarck selbst 1890 in der Entlassungskrise erfahren musste, niemand ernstlich bereit. Ungeachtet aller Bürden durch die Form der Reichsgründung, war der Weg des Kaiserreichs in die Katastrophe des Juli 1914 wie auch als Vorstufe zu 1933 insofern keineswegs vorherbestimmt.

7 Die Mächte und das Reich in der Mitte Europas

Das Deutsche Reich und Frankreich. Der Sieg auf dem Schlachtfeld war ohne Zweifel beeindruckend gewesen. Nachdem das Alte Reich, so fragil es zum Schluss auch war, 1806 auf französischen Druck sich selbst aufgelöst hatte, war nach 65 Jahren auf französischem Boden ein neues Deutsches Reich, wie es nun hieß, entstanden.

Die Form der Gründung in einem Nationalkrieg wie auch die Tatsache der Bildung eines starken Nationalstaates in der Mitte Europas weisen bereits auf zwei Kernprobleme hin, denen sich Bismarck und seine Nachfolger gegenübersahen. Die Gründung des Reiches im Krieg mit Frankreich und im symbolischen Zentrum von dessen einstiger Größe, dem Schloss von Versailles, sowie die Friedensbedingungen hatten den stärksten Nachbarn im Westen bis ins Mark erschüttert. Die Niederlage und der Verlust von Gebieten, die Politik und Bevölkerung ohne jede Einschränkung für urfranzösisches Land hielten, gaben von der Unterzeichnung des Friedens an dem Gedanken an eine zukünftige Revanche großen Auftrieb. «Un jour ou l'autre» (früher oder später) holen wir uns alles zurück, soll der provisorische Chef der Exekutive, Adolphe Thiers, nach der Unterzeichnung des Vorfriedens am 28. Februar 1871 gesagt haben.

Auch Bismarck war sich von Anfang an darüber im Klaren, dass ein neuer Krieg mit Frankreich auf die Dauer unvermeidlich sein würde: «Die Franzosen sind in ihrer blinden Leidenschaft und Wut wie Raubtiere, wie ein Fuchs, den man, längst totgeschossen, von Hunden zerbissen, die Hessen durchschnitten als tot fortträgt, den Treiber noch in den Hintern beißt», erklärte er in privater Runde wenige Tage nach der Unterzeichnung des endgültigen Friedens in Frankfurt am Main. Gerade weil dies so war, glaubte Bismarck auch, die Annexion des Elsass und Lothringens unter Hinweis auf diese Gefahr rechtfertigen zu können. Beide Provinzen waren für ihn «Bürgschaften», welche «eine Wiederholung eines ähnlichen Krieges unwahrscheinlicher und die Abwehr, wenn er dennoch eintreten sollte, leichter machen» sollten, erklärte er im Reichstag noch vor der endgültigen Unterzeichnung des Friedens Anfang Mai 1871. Mögliche Kritik wischte er mit dem Hinweis auf das Verhalten Frankreichs in der Vergangenheit beiseite: «Unter unseren Vätern», so fuhr er fort, ist «seit dreihundert Jahren wohl schwerlich eine Generation gewesen [...], die nicht gezwungen war, den Degen gegen Frankreich zu ziehen.» Absolute Sicherheit bot die Annexion der beiden Provinzen nicht, wie auch Bismarck wusste. Dazu war der Frieden aus seiner Perspektive dann doch zu maßvoll. Nach einem zukünftigen Kriege dachte er daher bereits im Frühjahr 1871 daran, Frankreich zu zerschlagen.

Aus diesen Äußerungen jedoch zu schließen, Bismarck habe bereits 1871 einen erneuten Krieg fest ins Auge gefasst, ginge zu weit. Die französische Dritte Republik war zunächst viel zu instabil, um selber an Krieg zu denken. Hinzu kam, dass Tausende deutsche Soldaten noch in Frankreich standen, um sicherzustellen, dass das Land auch die vereinbarte Kriegsentschädigung zahlte. Gleichwohl hat Bismarck einen neuen Krieg über viele Jahre als eine mögliche Option mitgedacht. Je mehr Frankreich nach dem vorzeitigen Abzug der deutschen Besatzungsarmeen 1873 aufrustete, umso mehr malte Bismarck das Szenario eines neuen Krieges mit dem Nachbarn im Westen an die Wand. «Wir wollen den Frieden erhalten, aber wenn die Franzosen so fortrüsten, dass sie in fünf Jahren fertig und entschlossen sind, dann loszuschlagen, dann fangen wir den Krieg in drei Jahren an», ließ er bereits Mitte Februar 1874 den deutschen Botschafter in Paris wissen. Hinter diesen drastischen Äußerungen stand seine tiefsitzende Überzeugung von der historischen «Raublust der Franzosen». Höhepunkt dieser Entwicklung war schließlich die «Krieg in Sicht»-Krise vom Frühjahr 1875.

Der Verdacht, das neue französische Kadergesetz und geplante Ankäufe von Militärpferden im Reich seien Anzeichen für die Vorbereitung eines Angriffs, reichten aus, nun ganz offen mit Krieg zu drohen. «Ist der Krieg in Sicht?», fragte mit drohendem Unterton ein Journalist in einem inspirierten Artikel. Wollte Bismarck tatsächlich einen Krieg? Seine Äußerung gegenüber Wilhelm I., dass es politisch «nicht nützlich» sei, einem Gegner «die Sicherheit zu geben, dass man seinen Angriff jedenfalls abwarten werde», zeigt, dass er sich darüber im Klaren war, dass die Drohung mit einem Präventivkrieg nur dann glaubwürdig wirkte, wenn man bereit war, diesen auch tatsächlich zu führen.

Vieles spricht dafür, dass Bismarck diesen Krieg, anders als mancher Militär, im Frühjahr 1875 letzlich nicht wollte. «Unser Bedürfnis ist», hieß es pointiert in einem Brief an den deutschen Botschafter in Paris im Dezember 1872, «von Frankreich in Ruhe gelassen zu werden und zu verhüten, dass Frankreich, wenn es uns den Frieden nicht halten will, Bundesgenossen finde. Solange es solche nicht hat, ist uns Frankreich nicht gefährlich, und solange die großen Monarchien Europas zusammenhalten, ist ihnen keine Republik gefährlich. Dagegen wird eine französische Republik aber sehr schwer einen monarchischen Bundesgenossen gegen uns finden.» Daran hatte sich nichts geändert.

Am Ende erwies sich die Drohung mit einem neuen Krieg im Frühjahr 1875 allerdings als Bumerang. Im Gegensatz zum Sommer 1870, als sich Großbritannien und Russland angesichts des unübersehbaren Pariser Kriegskurses eher auf die Seite Preußens geschlagen hatten, stützten diese nun Frankreich. Nach Niederlage und inneren Krisen stand dieses nun als «Sieger» da, das Deutsche Reich hingegen als europäischer Störenfried. Größer konnte die Schlappe kaum sein, die Bismarck durch seine Politik unverhohlener Drohungen erlitten hatte.

Ob Bismarck in diese Krise – so Eberhard Kolb – «durch eine Verkettung von Umständen hineingestolpert ist», sei dahingestellt. Im Ergebnis machte sie dem ansonsten so erfolgsverwöhnten Kanzler deutlich, wie fragil die Lage des Reiches auf dem Kontinent letztlich war.

«Die deutsche Revolution». Diese Fragilität hatte sich bereits in der Geburtsstunde des Reiches gezeigt. Mitte Februar 1871 machte der Führer der englischen Konservativen, Benjamin Disraeli, in einer Rede deutlich, wie er die Veränderungen in Europa durch das Entstehen eines einheitlichen deutschen Nationalstaates beurteilte: «Dieser Krieg», so erklärte er im Londoner Unterhaus, «bedeutet die deutsche Revolution, ein größeres politisches Ereignis als die Französische Revolution des vergangenen Jahrhunderts. [...] Das Gleichgewicht der Macht ist völlig zerstört, und das Land, welches am meisten leidet und die Wirkungen dieser großen Veränderung am meisten spürt, ist England».

Deutlicher als Disraeli konnte man den tiefen Einschnitt in der Geschichte Europas im 19. Jahrhundert kaum beschreiben, der mit der Gründung des Deutschen Reiches verbunden war. Nachdem sich die Mächte in Europa, aber auch auf dem Gebiet des ehemaligen Alten Reiches jahrzehntelang gegenseitig in Schach gehalten hatten, hatte es nicht einmal ein Jahrzehnt gedauert, um die Landkarte komplett neu zu zeichnen. Doch nicht nur die Landkarte war neu gezeichnet worden. Weitaus gravierender war, dass die dominierende Macht im neuen Deutschen Reich die modernste und stärkste Militärmacht auf dem Kontinent war – Preußen. In drei Kriegen, einem gegen eine kleine Macht, vor allem aber gegen zwei Großmächte, hatte dieses seine Schlagkraft eindrücklich unter Beweis gestellt. Diese Schlagkraft beruhte nicht zuletzt auf seiner großen Bevölkerung, aber auch dem enormen wirtschaftlichen Potenzial, das sich mit der Reichsgründung endgültig voll entfalten konnte.

Dementsprechend deutlich war auch die Warnung, die sich hinter Disraelis Stellungnahme verbarg. Sollte das Deutsche Reich jemals nach der vollen Hegemonie auf dem Kontinent streben oder weltpolitischen Ehrgeiz entwickeln, so würde es unzweifelhaft auf erbitterten englischen Widerstand stoßen.

Doch nicht nur England war besorgt; auch Österreich-Ungarn und das Zarenreich betrachteten das neue Gebilde misstrauisch, lebten doch in manchen ihrer Gebiete ebenfalls viele Deutsche.

Das Deutsche Reich ist «saturiert». Bismarck hat sich von Anfang an bemüht, alle Befürchtungen vor weiteren Expansionsplänen zu zerstreuen und Europa mit der Existenz des Deutschen Reiches zu versöhnen. In der feierlichen Thronrede zur Eröffnung des ersten Reichstages der geeinten Nation am 21. März 1871 hatte Wilhelm I. in der von Bismarck formulierten Thronrede erklärt, dass Deutschland die «Achtung», die es für seine eigene Selbstständigkeit in Anspruch nehme, «bereitwillig der Unabhängigkeit aller anderen Staaten und Völker, der schwachen wie der starken», zolle. Diese Erklärung war zunächst ein Gebot kluger Staatsräson, drohte doch jede weitere Expansion jenen «cauchemar des coalitions» heraufzubeschwören, der den Reichsgründer zeitlebens plagen sollte. Aufgrund der elsass-lothringischen Hypothek war das Bekenntnis, «saturiert» zu sein, aber auch schlichtweg eine absolute Notwendigkeit. Durch Frankreich war das Deutsche Reich nunmehr tatsächlich «immobilisiert», wie es bald hieß. Da Bismarck selbst, wie erwähnt, von Anfang an deutlich sah, «jede [französische] Regierung, welcher Partei sie auch angehören möge, die Revanche als ihre Hauptaufgabe betrachten wird», war er gezwungen, die von ihm später so genannte «politische Gesamtsituation» so zu konzipieren, dass Frankreich im Spiel der Mächte quasi außen vor blieb.

Ein enges Verhältnis mit den beiden Ostmächten Österreich-Ungarn und Russland betrachtete der Kanzler daher als die beste Möglichkeit der Konsolidierung des Reiches in Europa. Bereits im Oktober 1870, also noch vor dem Ende des Krieges gegen das inzwischen republikanische Frankreich, hatte er betont: «Wir würden ungern uns gegen Österreich erklären, dessen deutsche Elemente ein Bindeglied zwischen uns sind, welches gleichzeitig die Grundlage der Stärkung und Konsolidierung der österreichisch-ungarischen Monarchie bildet. Wir sind auf der anderen Seite der Politik des Kaisers Alexander und seiner Haltung [...] soviel Dank schuldig, dass wir uns nicht auf die Seite seiner Gegner stellen können. Es ist daher unser Wunsch, durch solche Beziehungen zwischen beiden Reichen, wie sie bei richtiger Erkenntnis der gemeinsamen Interessen und der gemeinsamen Gefahr natürlich und erreichbar scheinen, dieser Wahl überhoben zu sein.»

Für diese Orientierung nach Osten sprachen ungeachtet aller Gegensätze zunächst die konservative monarchische Ordnung und das damit einhergehende Interesse dieser drei Staaten an stabilen Verhältnissen in Europa ähnlich wie zu Zeiten der Heiligen Allianz. Damit verknüpft war das solidarische Interesse der in diesen herrschenden Dynastien an einer Zähmung der nationalrevolutionären, vor allem aber der 1871 so bedrohlich erscheinenden sozialistischen Bewegungen. Implizit schwang freilich auch die Hoffnung mit, durch eine derartige Konstellation den *worst case* zu verhindern, d. h. einen Konflikt zwischen Russland und Österreich, der unweigerlich Frankreich mit ins Spiel bringen musste.

Es ist zweifellos schwer zu entscheiden, für wie bedrohlich Bismarck die «rote» Gefahr tatsächlich hielt; dennoch erleichterte der Hinweis darauf es ihm, diese Solidarität herzustellen. Das Drei-Kaiser-Abkommen von 1873 war – nicht zuletzt aufgrund des Fehlens der ihm ursprünglich vorschwebenden Militärkonvention – kaum mehr als eine unverbindliche Willenserklärung und insofern sollte es keinesfalls überschätzt werden. Aber der Gedanke, gemeinsam den Frieden zu bewahren, anstatt den Kriegsfall vorzubereiten, war an sich durchaus bemerkenswert (Klaus Hildebrand).

Bismarcks Rechnung, dadurch das Reich in Europa zu stabilisieren und – zugleich – Frankreich niederzuhalten, ging dennoch nicht auf. Im Gegenteil, sein euphorischer Ausspruch, das Geschick Europas könne von ihm «stets in 10 bis 15 Minuten beim ersten Frühstück abgemacht, gekämmt und gebürstet» (1872) werden, erwies sich schneller als erwartet als kühne Hoffnung. Russland war nicht im geringsten bereit, auf seine Vormachtrolle auf dem Kontinent zu verzichten: «So mächtig das neue deutsche Reich auch ist», hieß es in einer einflussreichen russischen Zeitung im Jahre 1874, «ohne die Erlaubnis Russlands darf weder dieser noch ein anderer Staat von seiner Macht Gebrauch machen; das letzte Wort bleibt bei allen irgend wichtigen Fragen dem Kaiser von Russland.» Unterschiedliche

Auffassungen über Quisquilien förderten daher bald das Misstrauen zwischen der alten und der neuen, latenten Hegemonialmacht.

Wie sehr Russland – neben Großbritannien – darauf bedacht war, seinen traditionellen Einfluss in Europa zu wahren, hatte, wie erwähnt, die «Krieg in Sicht»-Krise im Frühjahr 1875 gezeigt. Europa, verkündete der russische Außenminister triumphierend, wolle ohne Wenn und Aber «ein Frankreich auf der Karte» sehen, «um das Gleichgewicht aufrechtzuerhalten».

Diese Krise war ein «Lehrstück» (Klaus Hildebrand) für Bismarck. Ihr Ausgang zwang den Kanzler, sich über die grundsätzliche Strategie deutscher Außenpolitik klar zu werden. Eine – erstens – Konvenienzpolitik, die auf Kosten der Klein- und Mittelstaaten Einflusssphären oder Interessenräume mit anderen Großmächten abzustecken versuchte, um Kollisionen mit diesen zu vermeiden, schied seiner Meinung nach ebenso aus wie die zweite – von Militärs wie auch Politikern befürwortete – Option des Präventivkrieges: feste Interessensphären schufen zugleich auch Reibungsflächen; Präventivkriege konnten die Koalition, die verhindert werden sollte, gerade erst hervorrufen.

Die – dritte – idealtypische Alternative bestand darin, sich – der eigenen militärischen Stärke gewiss – der «Großmacht Diplomatie» (Henry Kissinger) zu bedienen und dabei die Interessen der übrigen Mächte gegeneinander zu lenken und die Spannungen möglichst von der Mitte an die Peripherie Europas zu dirigieren. Dahinter stand das Bemühen der Herbeiführung einer, wie es in dem «Kissinger Diktat» vom Sommer 1877 schließlich hieß, politischen «Gesamtsituation, in welcher alle Mächte außer Frankreich unser bedürfen und von Koalitionen gegen uns durch ihre Beziehungen zueinander nach Möglichkeit abgehalten werden».

Das «Aufbrechen des orientalischen Geschwürs» im Sommer 1875 erleichterte die Realisierung dieser Strategie. Die gegenläufigen Interessen der anderen Großmächte in dieser Region machten eine antideutsche Koalition nicht nur unwahrscheinlich, sondern ließen das Deutsche Reich, das als einzige Macht in dieser Region keine Interessen hatte, plötzlich sogar als einen umworbenen Partner im Spiel der Mächte erscheinen. Dies war freilich nur die eine Seite der Medaille: Die andere war die Gefahr, unter ungünstigen Umständen, d.h. konkret bei einer Bedrohung Österreichs, womöglich doch optieren zu müssen und dadurch die im Kissinger Diktat beschriebene Funktion einer regulierenden und austarierenden Macht zu verlieren. Grundsätzlich war auch nicht auszuschließen, dass die Spannungen an der Peripherie eines Tages ins Zentrum zurückschlagen und damit jenen Konflikt zwischen den Großmächten hervorrufen würden, den Bismarck eigentlich vermeiden wollte.

Auf den ersten Blick betrachtet verlief die Entwicklung – trotz mancher gefährlicher Klippen, die im Verlaufe der Balkankrise zu umschiffen gewesen waren – freilich ganz in Bismarcks Sinne: Der Berliner Kongress 1878, auf dem er glanzvoll «als ehrlicher Makler» Europas durch Wiederherstellung des allgemeinen Friedens wirken konnte, war diesbezüglich eine eindrucksvolle Bestätigung seines Kalküls und zugleich auch wohl der Höhepunkt seines Ansehens bei den europäischen Mächten. Dennoch, das berühmte Werner'sche Kongressgemälde verbirgt die langen Schatten, die der Kongress auf die Bismarck'sche Außenpolitik werfen sollte.

Zunächst gilt es zu bedenken, dass dieser Friede auf Kosten der Völker des Balkans, deren Recht auf nationale Selbstbestimmung entsprechend den Interessen der Großmächte definiert worden war, wie auch zu Lasten der Türkei erkauft worden war. Die Folge war eine politische Instabilität, die dem Deutschen Reich kurzfristig von Nutzen sein mochte, da sie, wie Klaus Hildebrand argumentiert hat, zur Heilung des orientalischen Geschwürs «Europas Mächte so dringend auf die Heilkunst des deutschen Arztes verwies»; langfristig war diese Instabilität jedoch verantwortlich für die Anhäufung des Pulvers, das nach den Schüssen von Sarajewo Europa 1914 in Flammen setzen sollte und das dennoch bis heute nicht als beseitigt betrachtet werden kann.

Weitaus bedrohlicher und unmittelbarer aus Bismarcks Sicht war die Tatsache, dass Russland, sosehr er dies auch zu kaschieren versuchte, ein Verlierer des Berliner Kongresses war. Es musste große Teile der im Zuge der Auseinandersetzungen mühsam erkämpften Beute herausgeben – eine Tatsache, die aus russischer Sicht nur schwer erträglich war und für die es den undankbaren deutschen Kanzler alsbald offen verantwortlich machen sollte.

Der Preis für die Rolle des Maklers, der so ehrlich nicht war, weil er Österreich entgegen russischen Avancen nicht preiszugeben bereit war, war insofern sehr hoch: Das Drei-Kaiser-Abkommen wurde 1878 endgültig zu Grabe getragen, ohne dass eine Konstellation in Sicht war, die dieses ersetzte und das Reich dadurch sicherte. Bismarck hat aus der Rückschau den Berliner Kongress als «die größte Torheit meines politischen Lebens» bezeichnet. Russland, dem Wilhelm I. am Abend der Unterzeichnung des Vorfriedens von Versailles ewige Dankbarkeit versprochen hatte, fühlte sich zutiefst düpiert, wie der «Ohrfeigenbrief» des Zaren an seinen Onkel unmissverständlich deutlich machte. Anstatt frei zwischen den Mächten zu agieren, war Bismarck nunmehr gezwungen, Partner zu finden, die die Stellung des Reiches sichern halfen.

Ohne dabei die im Kissinger Diktat skizzierte Linie zu verlassen, setzte Bismarck nun noch stärker auf die «Großmacht Diplomatie». Um den russischen Druck auf das Reich zu mildern, schloss er zunächst ein Bündnis mit der Donaumonarchie. Dieses entsprach inhaltlich zwar nicht unbedingt seinen Wunschvorstellungen; es trug aber dazu bei, «die aus dem Gleichgewicht geratenen Gewichte zu balancieren und eben so den allgemeinen Krieg zu verhindern». Darüber hinaus erwies sich diese «Aushilfe», als die Lothar Gall sie zu Recht bezeichnet hat, ganz im Sinne Bismarcks als Anreiz, Russland zu einem Überdenken seiner Haltung zu bewegen. Am Ende dieses schwierigen Weges stand der Dreikaiservertrag von 1881, der den österreichisch-russischen Gegensatz auf dem Balkan vorläufig aufhob. Dass dieses Abkommen vor dem Hintergrund der nationalen Emotionen, die in der Balkanfrage inzwischen eine große Rolle spielten, kaum mehr als ebenfalls nur eine Aushilfe war, war Bismarck im Prinzip klar, aber, so betonte er, der Friede lasse «sich mit Vertrag doch immer noch mehr als ohne erhalten». Der Dreibund zwischen dem Deutschen Reich, Österreich-Ungarn und Italien von 1882 schließlich erhöhte die Sicherheit des Reiches noch, indem er durch Heranziehung Italiens und – indirekt – Englands den Schutz gegenüber Frankreich verbesserte und zugleich den Partner Österreich vor italienischen Aspirationen bei einem Krieg nach Osten bewahrte. Durchaus selbstzufrieden konstatierte Bismarck, «die auswärtige Politik bereite ihm auch keine einzige schlaflose Stunde. Die Sache sei seit zehn Jahren so aufgezogen, dass sie von selbst ginge.»

Diese Sicherheit war auch ein Motiv, 1884/85 nach Übersee zu expandieren und das Reich wie die anderen Mächte Europas zu einer Kolonialmacht zu machen. Dennoch ist nicht zu übersehen, dass sich parallel zur Expansion nach Übersee die Spannungen auf dem Kontinent bald wieder spürbar verschärften. Anlass dafür war das Aufbrechen neuer Konflikte auf dem Balkan, in die die beiden Erzrivalen Österreich-Ungarn und Russland nolens volens unmittelbar hineingezogen wurden. Der Dreikaiservertrag war daher bald nicht einmal mehr das Papier wert, auf dem er geschrieben worden war. Diese Situation war aus deutscher Sicht umso bedrohlicher, als sie nach relativ ruhigen Jahren mit einem Anwachsen revanchistischer Strömungen in Frankreich sowie – wenn auch nicht offizieller – Sympathiebekundungen russischer Nationalisten mit der Grande Nation einhergingen.

Gestützt auf die in diesen Jahren massiv verstärkte eigene militärische Potenz bemühte sich Bismarck daher hinter den Kulissen, die bedrohte Sicherheit des Reiches durch einen «Umbau» seines Bündnissystems weiter diplomatisch zu gewährleisten. So erklärte er sich bei den Verhandlungen über die Verlängerung des Dreibundes einerseits bereit, Italiens imperialistische Ambition in Nordafrika viel stärker als bisher zu unterstützen. Die politische Isolierung Frankreichs wurde dadurch noch einmal verstärkt, die Österreich drohende Gefahr seitens Italiens hingegen gemindert. Mit seiner tatkräftigen Hilfe kamen zugleich die Mittelmeerentente und der Orientdreibund zwischen Großbritannien, Italien und Österreich-Ungarn zustande, die den Status quo im Mittelmeerraum sichern und russischen Vorstößen im mittleren Osten somit Einhalt gebieten sollten.

Der fast zeitgleich abgeschlossene Rückversicherungsvertrag zwischen Deutschland und Russland sollte darüber hinaus noch einmal die Mächtekonstellation in Europa stabilisieren helfen. Letzteres klingt zweifellos paradox, konterkarierten dessen Bestimmungen gerade doch das, was mit Bismarcks Unterstützung in der Mittelmeerentente vereinbart worden war. Genau darauf, Russland in die orientalische Falle laufen zu lassen, zielte Bismarcks Kalkül freilich ab, denn für die Position des Reiches unter den Mächten war es von unschätzbarer Bedeutung, wenn England Russland Paroli bot. Theoretisch mochte diese komplizierte Strategie der Ablenkung der Spannungen an die Peripherie zweifellos ein geschickter Schachzug sein; ob dieser in der Praxis aber tatsächlich den erwünschten Erfolg haben würde, war fraglich. So hat Konrad Canis zu Recht darauf hingewiesen, dass vor allem England an einer Eskalation der Spannungen im Orient nicht interessiert war – ein Ziel, das dem Bismarcks genau entgegenlief. Dennoch sollte man nicht übersehen, dass der Rückversicherungsvertrag zwar nur eine Art Vernunftarrangement auf Zeit (Wolfgang J. Mommsen), insofern wiederum aber auch besser als gar nichts war.

An der Einsicht, stärkere Widerlager aufzubauen, ging jedoch auch aus Bismarcks subjektiver Sicht kein Weg vorbei. Vorsichtig tastete er sich daher an England heran. Das Bündnisangebot, dessen Wert in der Forschung bis heute kontrovers beurteilt wird, ließ England aber vorläufig auf dem Tisch liegen – der Versuch, sein politisches System neu zu fundamentieren, blieb damit im Ansatz, zunächst jedenfalls, stecken. Seine Entlassung im Jahr darauf (1890) hatte dann eine Neuorientierung der deutschen Außenpolitik, die freilich eher als orientierungslos denn als zielstrebig zu bezeichnen ist, zur Folge. Erst der Übergang zur Weltpolitik 1897 sollte diese wieder in feste Gleise zurückführen, freilich mit dem Ergebnis, dass am Ende die große Katastrophe und nicht der erstrebte Platz an der Sonne stand.

«Es gelingt nichts mehr»? Will man resümierend die Bismarck'sche Außenpolitik beurteilen, dann wird man zunächst zugestehen müssen, dass sie kompliziert, aber auch einfach zugleich war: Es handelte sich um eine auf die militärische Macht des Reiches gestützte flexible Sicherheits- und Stabilitätspolitik, die das halbhegemoniale Machtpotenzial zu zügeln und, wie unvollkommen auch immer, in ein europäisches Gleichgewichtssystem einzubinden versuchte. Dieser Versuch, das saturierte Reich im Stil der Metternich'schen Politik zu sichern, stieß jedoch zunehmend an die Grenzen der Machbarkeit: So verkannte Bismarck im internationalen wie auch im nationalen Rahmen die Wirkungen der Nationalisierung von Außenpolitik. Die Enttäuschung, ja der wachsende Unmut im Reich über Bismarcks Politik waren in den 1880er Jahren unverkennbar. Bismarcks Zurückhaltung war mit dem Stolz auf das bisher Erreichte, das Gefühl militärischer Stärke und ökonomischer Macht und den daraus abgeleiteten Ansprüchen auf mehr als nur eine latente Hegemonie auf dem Kontinent immer schwerer in Einklang zu bringen. Dieser Druck wurde nicht nur in der Kolonialpolitik deutlich, in der es, entgegen Bismarcks gelegentlicher Hoffnung, kein Zurück mehr gab; auch im Hinblick auf das Verhältnis zu Russland in den späten 1880er Jahren, als einflussreiche Kreise offen einen Krieg gegen Frankreich wie gegen Russland forderten, war nicht mehr zu übersehen, dass weite Teile der Öffentlichkeit andere Ziele als der Reichsgründer verfolgten. Die katholische Zeitung *Germania* beurteilte Bismarcks Außenpolitik 1889 lapidar und ernüchternd mit der Feststellung: «Es gelingt nichts mehr.»

Zugleich wuchs auch die Bereitschaft, den Krieg, selbst den Präventivkrieg, als Mittel der Politik ohne große Skrupel einzusetzen. Bismarck selbst hat den Krieg nie gescheut, gleichwohl war er aber überzeugt, wie er 1887 durchaus glaubhaft im Reichstag versicherte, dass das Deutsche Reich ein «saturierter Staat» sei und es daher «keine Bedürfnisse [gebe], die wir durch das Schwert erkämpfen könnten». Auch seine später zum geflügelten Wort gewordene Rede vom Februar 1888 widerspricht diesem Befund nicht. «Wir Deutsche fürchten Gott, aber sonst nichts in der Welt», hatte er bei der Beratung der Militärvorlagen ausgerufen, um dann hinzuzufügen, «und die Gottesfurcht ist es schon, die uns den Frieden lieben und pflegen lässt.» Dies war ein unmissverständliches Bekenntnis zum Frieden, allerdings gestützt auf ein scharfes Schwert und die Bereitschaft, dieses im Notfall auch zu ziehen. So groß der Jubel über diese Rede auch war, die Öffentlichkeit beurteilte die Lage angesichts erneuter internationaler Krisen auf dem Balkan und zunehmender wirtschaftlicher Spannungen zwischen dem Reich und dem Zarenreich ganz anders: «Hier ist eigentlich alle Welt für den Krieg», stellte die graue Eminenz im Auswärtigen Amt, Friedrich v. Holstein, im Januar 1888 fest, «mit fast alleiniger Ausnahme von Seiner Durchlaucht, die die äußersten Anstrengungen macht, um den Frieden zu erhalten.»

Bismarck hat versucht, diesen Tendenzen Einhalt zu gebieten, letztlich ist er dabei aber gescheitert. Die Ursache dafür ist darin zu sehen, dass er den sich vollziehenden grundlegenden Wandel des Staatensystems verkannte. Seine außenpolitische Konzeption, die Gall zutreffend als ein System der «Aushilfen» bezeichnet hatte, wurde den neuen Herausforderungen und Zwängen immer weniger gerecht. In einer Epoche, in der Europa das Zentrum der Welt war und das Denken der Staatsmänner bestimmte, war sie sicherlich eine erfolgversprechende Konzeption gewesen, nicht aber in einer Zeit, in der die Europäisierung der Welt einsetzte, neue Zentren entstanden und die Gewichte sich rapide verlagerten. Dass diese «Aushilfen» aber immerhin fast zwei Jahrzehnte den Frieden erhalten haben und dass die Alternativen dazu – Präventivkrieg, wie es in den späten 1880er Jahren öffentliche Meinung, Militärs und Angehörige des Auswärtigen Amts forderten, oder Aufgabe des Status quo und Expansion, so wie die anderen Mächte es vormachten – kaum kalkulierbare Risiken in sich bargen, war für die junge Generation ohne Belang; diese setzte in außenpolitischer Hinsicht ihre Hoffnungen vielmehr auf den jungen Monarchen, Wilhelm II. Unmittelbar nach Bismarcks Entlassung 1890 zerriss er ohne Not den bisherigen Draht nach Russland, so dünn dieser inzwischen aufgrund des Wandels der Konstellationen auf dem Balkan auch geworden war. In einer programmatischen Rede aus Anlass des 25. Jahrestages der Reichsgründung verkündete er am 18. Januar 1896 schließlich großspurig: «Aus dem Deutschen Reiche ist ein Weltreich geworden.» Dies waren starke und stolze Worte, und sie ließen erahnen, welchen außenpolitischen Kurs das Reich nach Jahrzehnten der «Saturiertheit» steuern sollte. Der jungen Generation, die wie Max Weber in seiner berühmten Freiburger Antrittsrede 1895 oder Harry Graf Kessler nach seinem Besuch bei Bismarck im gleichen Jahr «Saturiertheit» und Kontinentalpolitik mit Stillstand verwechselte und stattdessen, infiziert von sozialdarwinistischen Gedanken, Expansion forderte, sprach der Kaiser damit sicherlich aus dem Herzen. Dass der Versuch, weltpolitische Träume zu verwirklichen, die Apokalypse in Form des Ersten Weltkrieges zur Folge haben sollte, war 1896 weder voraussehbar noch irgendwie zwangsläufig; ob die Fortsetzung des alten Kurses der Entwicklung eine andere Richtung gegeben hätte, ist spekulativ. Der Grundgedanke Bismarck'scher Politik, den Status quo durch Frieden zu bewahren, statt diesen verändern zu wollen und sich dementsprechend auf den Krieg vorzubereiten, hatte aber zumindest eine Generation lang den Frieden in Europa bewahrt.

8 Die Reichsgründung in der Erinnerung

Der Krieg zwischen Deutschland und Frankreich 1870/71 hat lange Zeit tiefe Spuren im kollektiven Gedächtnis der Deutschen hinterlassen. Zu groß waren die Emotionen vor und während des Krieges gewesen, zu groß die Zahl der Opfer, zu groß dessen politische und gesellschaftliche Folgen. Gleiches gilt für die Gründung des Nationalstaates. Endlich, so schien es, hatten die Deutschen das Ziel der Freiheitskämpfer von 1813, der Demonstranten am Hambacher Schloss 1832 und der Revolutionäre von 1848/49 verwirklicht: Sie lebten nach siegreichem

Krieg in einem einheitlichen Nationalstaat zusammen, so wie die Nachbarn im Westen auch. Beides, Sieg und Nationalstaatsbildung, waren die Grundlagen eines Mythos, der symbolisch immer wieder neu beschworen wurde, um die Nation zusammenzuhalten, aber auch ihre neue Rolle nach außen zu demonstrieren.

Das weithin sichtbarste und größte Denkmal zur Erinnerung war zweifellos das Niederwalddenkmal bei Rüdesheim, das seit 1883 die im Krieg gegen Frankreich gemeinsam erkämpfte Einheit, vor allem aber auch die «Wacht am Rhein» repräsentiert. Im Gegensatz zur «Trauernden Germania» im Kurgarten von Bad Kissingen, die seit 1867 an die gefallenen Bayern und Preußen im Deutsch-Deutschen Krieg von 1866 erinnerte, war die Germania des Niederwalddenkmals nicht nur ein Zeichen des Erfolgs, sondern auch eine Demonstration von Macht und Stärke.

Doch das Niederwalddenkmal ist nur eines von Hunderten von Denkmälern, die an die Reichsgründung im Krieg erinnern sollten. Deren Bedeutung war jedoch schon für die Zeitgenossen, aber auch deren Nachfahren höchst unterschiedlich. Für die einen waren sie Zeichen der Trauer um die gefallenen Kameraden, für andere erinnerten sie an Helden, die im gerechten Kampf für die Einheit des Vaterlandes ihr Leben gelassen hatten. Für viele waren sie Ausdruck nationalen Stolzes. Zugleich dienten sie der Legitimation von Nation und Gesellschaft, die sich im Krieg neu konstituiert hatten.

Politische Sinnstiftung und schlichte Trauer sind bei vielen Denkmälern häufig nur schwer voneinander zu trennen. Insbesondere die großen Denkmäler auf den Schlachtfeldern versuchten durch ihre Ikonographie – Löwen, Adler und Germania, gefallene Krieger und griechische Göttinnen – zusammen mit Schlachtfeldüberbleibseln wie Mitrailleusen oder Geschützen die Toten zu ehren, aber auch einen Heldenmythos zu erzeugen.

Der Konstruktion der Reichsgründung als konstitutivem Heldenmythos des Reiches dienten auch Hunderte von Kaiser-Wilhelm-, vor allem aber von Bismarck-Denkmälern. An manchen Orten kamen Moltke- und Roon-Denkmäler hinzu. Wilhelm-,

Bismarck-, Moltke- und Roon-, Wörth-, Weißenburg- oder Spichernstraßen und -plätze waren ebenfalls Teil dieser Erinnerungskultur. Hunderte von Schlachtengemälden oder Panoramen, die einzelne Phasen des Krieges heroisierten, visualisierten in vielen Städten das Geschehen für diejenigen, die nicht hatten dabei sein können. Schulbücher trugen die Mythen des Krieges weiter an die junge Generation.

Doch nicht nur auf den Schlachtfeldern, wo die Gefallenen lagen, erinnerten Denkmäler an den Krieg. In fast allen Städten und selbst kleinsten Dörfern finden sich Denkmale. Da, wo es kein Denkmal gab, erinnerten schlichte Holztafeln in den Kirchen oder Findlinge, aber auch Hunderte «Friedenseichen» an prominenter Stelle an die gefallenen Söhne des Ortes.

Die Lebenden erinnerten jedoch nicht nur durch Denkmäler an die Gefallenen. Mit unzähligen Publikationen ihrer Erinnerungen und einem lebendigen Kriegervereinswesen erinnerten sie Zeitgenossen und zukünftige Generationen an ihre Leistungen. Damit einher ging eine Nationsvorstellung, «die zwar in vielen Punkten vom klassischen Liberalismus abwich, aber deshalb nicht weniger bürgerlich war – mit dem Unterschied nur, dass veränderte bürgerliche Werte in ihr zum Ausdruck kamen». Das kaiserliche Deutschland, «das von der Armee gleichsam vorweggenommen worden war», verkörperte diese Werte dann nach 1871, so hat zutreffend Frank Becker geurteilt.

Sinngebung war auch das Ziel nationaler Feiertage. In Deutschland bot sich der Sedantag regelrecht an. Der Sieg bei Sedan war überall in Deutschland Anlass für spontanen Jubel gewesen. Gemeinsam hatten die deutschen «Stämme», wie es häufig hieß, gesiegt. An diesem Tag war die Nation tatsächlich zusammengewachsen. Nichts schien vielen besser geeignet, diese Einheit fortan jährlich zu feiern, als der Sedantag. Anfänglich war eine Feier an diesem Tag allerdings nur die zweitbeste Lösung. Da für Wilhelm I. der 18. Januar jedoch der Tag der preußischen Königskrönung, nicht ein nationales Ereignis war, blieb nur der Sedantag. Dieser war für ihn zwar ein Tag der preußischen Armee, die seit Aufstellung der Siegessäule in Berlin jährlich am 2. September mit großem Pomp paradierte, inoffiziellen Feiern stimmte er allerdings zu. Städte und Gemeinden sollten alleine darüber entscheiden, wie sie dieses Ereignis feierten.

Und dies taten sie. In vielen Bundesstaaten war der Sedantag ein Feiertag. Militärparaden der, soweit vorhanden, lokalen Garnisonen, Umzüge der Kriegervereine, allen voran die Veteranen des Krieges, und Feldgottesdienste, Kranzniederlegungen an den örtlichen Denkmälern zu Ehren der gefallenen Krieger und bald auch Wilhelms I., Festreden von Honoratioren, patriotische Darbietungen von Schulklassen sowie Tanzveranstaltungen, Festessen und Feuerwerk gaben dem Tag einen militärischen, aber auch einen zivilen Charakter.

Ein «echter» Nationalfeiertag wurde der Sedantag allerdings nie. Der preußische Charakter missfiel beispielsweise vielen Bayern. Diese erinnerten lieber an die Schlacht bei Wörth am 6. August 1870, die maßgeblich mithilfe der hohen Opfer der bayerischen Truppen gewonnen worden war. Auch die Ausgrenzung von Katholiken und Sozialisten nach der Reichsgründung verhinderte, dass der Sedantag reichsweit auf Zustimmung stieß: Diese boykottierten die Feiern weitgehend. Nach dem Höhepunkt der Sedanfeiern am 25. Jahrestag der Schlacht 1895 nahm die Bedeutung dieser Feiern ab.

Und der 18. Januar? Nur einmal, anlässlich des 25. Jahrestags der Kaiserproklamation 1896, bekam dieser eine große symbolische Bedeutung. Reichsweit fanden Feiern, Paraden und Illuminationen statt. Besonders groß war allerdings der Pomp in Berlin. Dort instrumentalisierte Wilhelm II. den Jahrestag, um einmal mehr die eigene Dynastie der Hohenzollern zu feiern und sich selbst in die Tradition der Reichsgründer zu stellen. Zugleich wollte er seiner nach nur wenigen Jahren schwer angeschlagenen Herrschaft neuen Glanz verleihen. Ausnahmegesetze und Staatsstreichgerüchte sowie manche «markige» Rede hatten seinem Ansehen schwer geschadet.

Das Zeremoniell der Feier im Weißen Saal des Berliner Stadtschlosses erinnerte daher bewusst an die Ereignisse 25 Jahre zuvor. Umgeben von den Fahnen der Regimenter, die 1870/71 gekämpft hatten, und im Beisein von Repräsentanten der Bundesstaaten, von Armee und Marine, zahlreichen Zeitgenossen, die an der Reichsgründung mitgewirkt hatten, sowie ausgewählten Vertretern des Volkes erinnerte Wilhelm II. an das damalige Geschehen. Eine feierliche Urkunde, die er zunächst verlas, würdigte die Leistungen seines Großvaters und der anderen «Reichsgründer», betonte den Willen, «das Erworbene festzuhalten und zu sichern, die Schäden des wirtschaftlichen Lebens zu heilen und bahnbrechend den Weg zur Förderung der Zufriedenheit der verschiedenen Klassen der Bevölkerung vorzuzeichnen». Mit «Deutscher Treue» sollten sich «alle Glieder des Volkes» unter «Hintansetzung trennender Parteiinteressen» in den «Dienst des Ganzen» stellen, «um so in gemeinsamer Arbeit die Größe und das Glück des geliebten Vaterlandes zu fördern». Zum Schluss betonte Wilhelm II. den Friedenswillen des Reiches. Dieses wolle nach wie vor «eine starke Stütze des Friedens bleiben».

Auf die Verlesung der Urkunde folgte eine Rede beim anschließenden Festmahl. Dabei fielen jene schon erwähnten Sätze, die die Abkehr von der vorsichtigen Kontinentalpolitik der «Reichsgründer» bedeuten und den Auftakt zur Weltpolitik bilden sollten. Dies waren starke und stolze Worte, doch nicht alle sahen Anlass zum Feiern. Anders als viele Konservative oder Liberale blickten Vertreter des Zentrums oder auch der Sozialdemokratie, seit den Tagen der Reichsgründung als «Reichsfeinde» diffamiert, mit gemischten Gefühlen zurück. So erinnerte die wichtigste katholische Zeitung, die *Germania*, ausdrücklich an den «erbitterten Hass» der protestantischen Mehrheit, der während des «Kulturkampfes» so unendliches Leid verursacht hatte. Ähnliches galt für die Sozialdemokraten: Das Organ der Partei, der *Vorwärts*, gönnte dem Reich «die Lobes-Dithyramben und den Weihrauch derer, denen es Gutes getan hat. Von den Anderen darf es keine Huldigungen, keine Festesfreude erwarten. Und diese Anderen sind – das deutsche Volk.»

Ein 50-jähriges Jubiläum sollte das Kaiserreich dann allerdings nicht mehr erleben. Der Aufbruch zur Weltpolitik, der am 25. Jahrestag der Reichsgründung so symbolträchtig verkündet worden war, erwies sich schließlich als Beginn des Weges in den Untergang in einem Krieg gegen die europäischen Nachbarn. Und der fehlende Wille, die innere Spaltung zu überwinden, hatte 1918 jene Revolution zur Folge, die die Kronen der Fürsten im Zeichen der Niederlage hinwegspülte.

Die Sedanfeiern, die zwar seit 1919 verboten waren, als Parteiveranstaltungen der rechtsnationalen Deutschnationalen Volkspartei (DNVP) jedoch im kleineren Maßstab weiterhin stattfanden, hielten diesen Gedanken ebenso wach wie die Feiern aus Anlass der Reichsgründung am 18. Januar. Im Gegensatz zu den Jahrzehnten zuvor entwickelten sich diese nach 1919 zu den eigentlichen Kristallisationspunkten zur Erinnerung an die Reichsgründung, wenn auch nur im bürgerlichen Spektrum. Bürgerliche Honoratioren, Professoren und Studenten gedachten an diesem Jahrestag der Ereignisse von 1871. Das eigentliche Motiv der wehmütigen Erinnerung an glorreiche Zeiten war der teils offene, teils versteckte Protest gegen die von vielen Konservativen ungeliebte Weimarer Republik. Damit untrennbar verknüpft war der Wille, den Gedanken an die Wiederherstellung alter Größe und Macht wachzuhalten. Eine Breitenwirkung über den universitären Campus hinaus hatten diese Veranstaltungen allerdings nicht.

Mit der Errichtung der nationalsozialistischen Diktatur 1933 und der planmäßigen Vorbereitung und Führung eines zweiten totalen und verbrecherischen Krieges sollten sich alle Hoffnungen auf «alte Größe» endgültig zerschlagen. Am 75. Jahrestag der Schlacht von Sedan 1945 bzw. der Reichsgründung 1946 war das Deutsche Reich in großen Teilen zerstört, vollständig besetzt und in vier Teile zerschlagen worden. Ein großes Gebiet im Osten, aus dem Millionen Deutsche hatten fliehen müssen oder vertrieben wurden, war zugleich bereits abgetrennt worden. Auch wenn beide deutsche Teilstaaten, die die Alliierten 1949 schließlich gründeten, lange Zeit an der Fiktion der «Einheit der Nation» festhielten, war Bismarcks Alptraum nicht einmal 80 Jahre nach Gründung des «1000jährigen Reiches», wie er im Herbst 1870 spöttisch bemerkt hatte, unübersehbar Realität geworden: Auf dessen Karte, die er im Traum gesehen hatte, war ein «fauler Fleck nach dem anderen» aufgetaucht, und diese «blätterte sich ab».

Dieser offensichtliche Zerfall des Alten war die Folie, vor der sich die Erinnerung am 100 Jahrestag des Deutsch-Französischen Krieges und der Nationalstaatsgründung 1970/71 abspielen sollte. Unübersehbares Kennzeichen dieser Erinnerung war die kritische Distanz zu dem damaligen Geschehen. Im westlichen Teil des ehemaligen Reiches war dies in gewisser Hinsicht eine Überraschung. Dort war die Fiktion, einziger legitimer Nachfolger des Bismarck-Reiches zu sein, das irgendwann in den Grenzen von 1937 wiedererstehen sollte, Grundlage des eigenen Selbstverständnisses, auch der Außenpolitik. Millionen Heimatvertriebene hielten diesen Mythos auf ihren jährlichen Treffen symbolträchtig aufrecht, bestärkt von Politikern quer durch alle Parteien. 1965 hatte die Bundesregierung Bismarcks 150. Geburtstag am 1. April auch zum Anlass für eine Gedenkstunde im Bundestag genommen. Ohne Bismarcks Schwächen zu leugnen, hatten Bundeskanzler Ludwig Erhard und der Historiker Hans Rothfels dabei «des durch Bismarck in seiner Zeit Erreichten» weitgehend positiv gedacht.

Der 1969 gebildeten neuen sozialliberalen Bundesregierung erschien eine derartige Form des Gedenkens jedoch aus innen- und außenpolitischen Gründen unpassend. Sie setzte politisch und geschichtspolitisch andere Akzente. «Mehr Demokratie wagen» war nach dem «Mief» der Adenauer-Jahre das Motto im Innern, und nach außen suchte die Regierung die Aussöhnung mit Polen und der Sowjetunion, aber auch eine Verständigung mit der DDR. Um die Ernsthaftigkeit der Politik der Aussöhnung deutlich zu machen, hatte Bundeskanzler Willy Brandt am 8. Mai 1970 in einer Regierungserklärung im Bundestag erstmals auch an Niederlage und Befreiung 1945 erinnert und um Aussöhnung mit den Opfern geworben. Die Proteste von rechts gegen eine «Kapitulations-Würdigung» hatten jedoch deutlich gemacht, dass große Teile der Bevölkerung und ihrer Vertreter darin einen nicht akzeptablen Bruch mit bisherigen Traditionen sahen. Die sozialliberale Regierung, so schien es manchen Oppositionellen, war zu einem «Zweiten Versailles» bereit. Dieser Rückgriff auf Kampfbegriffe der nationalen Rechten aus der Weimarer Zeit zeigte, wie tief die Kluft zwischen Regierung und Opposition, aber auch zwischen den Generationen war. Diese Kluft zeigte sich dann auch im Umgang mit dem 100. Jahrestag der Reichsgründung.

Symbolpolitisch bedeutsam gab die Bundesbank eine Fünf-Mark-Gedenkmünze, die Bundespost eine Briefmarke heraus. Während die Briefmarke das alte Reichswappen, den Adler, zeigte, machte die Fünf-Mark-Münze deutlich, was nach einhundert Jahren traditionsbildend sein sollte: nicht die Gründung des einheitlichen Nationalstaates, sondern der schwierige Weg in eine parlamentarische Demokratie. Daher zeigte die Vorderseite der Münze auch nicht ein Abbild der «Kaiserproklamation» von Anton v. Werner, der Ikone der Reichsgründung, sondern das Reichstagsgebäude in Berlin mit der über dessen Portal erst während des Ersten Weltkrieges angebrachten, politisch bedeutsamen Widmung «Dem deutschen Volke». Die Umschrift enthielt noch einmal, wie alle bundesdeutschen Münzen, die Grundüberzeugungen der Liberalen und Demokraten der Reichsgründungszeit: Einigkeit, Recht und Freiheit. Die Reichsgründung von oben hatte zwar die Forderung nach Einheit verwirklicht; Recht und Freiheit waren aber im Kaiserreich eingeschränkt und durch Bismarcks Bereitschaft zum Staatsstreich latent bedroht gewesen, falls das Parlament sich zu sehr den Forderungen der Regierung widersetzte.

So wie die Münze setzten auch viele Reden und Leitartikel neue Akzente. Der Blick zurück fiel dabei weitaus kritischer aus als in den Jahrzehnten zuvor. Damit verknüpft war das Bekenntnis zur Ostpolitik der Regierung Brandt/Scheel. Die Verträge mit der Sowjetunion und Polen über Aussöhnung und «Unverletzlichkeit der Grenzen» waren im Sommer 1970 ungeachtet aller Querschüsse von rechts überraschend schnell geschlossen worden; im Dezember 1970 hatte Bundeskanzler Brandt mit seinem Kniefall vor dem Denkmal für die Opfer des Warschauer Ghettos ein wichtiges Zeichen gesetzt, das den Willen zur Aussöhnung unterstrich. Ganz auf der Linie der neuen Regierung betonte einer der damals bedeutendsten jüngeren

Historiker, Karl-Dietrich Bracher, in einem Leitartikel der *Zeit* zum Jahrestag die Demokratiedefizite des deutschen Nationalstaates, die ihre Ursache in der Bismarck'schen «Reichsgründung von oben» gehabt hätten und die am Ende für die Katastrophe der Jahre 1933/45 mitverantwortlich seien. «Die Zeit der Reichsgründungsfeiern [sei] endgültig und notwendig vorbei», hieß es apodiktisch. «Wer daran zweifelt, ihren positiven Sinn beschwört, der sollte sich erinnern, in welchem Maße solche Feiern in der Weimarer Republik als Vehikel einer antidemokratischen Agitation missbraucht worden sind.» Die «furchtbare Realität für die betroffenen Völker und ‹Rassen›, die dem Zugriff einer grenzenlos erweiterten, brutal und konsequent in Politik umgesetzten Reichsidee zum Opfer fielen», habe «die Idee eines Deutschen Reiches, welchen verschwommenen Wert sie im Zeitalter der Nationen und Demokratien überhaupt noch besitzen mochte, überall in der Welt diskreditiert. [...] Die Zerschlagung des Staates von 1871 stand am Anfang, ja, war die Voraussetzung und der Ausgangspunkt für eine neue deutsche Staatlichkeit überhaupt.» Rudolf Augstein, der wortgewaltige Herausgeber des Hamburger *Spiegel*, war noch deutlicher: «Mir scheint, das Deutsche Reich, 1870/71 gegründet, ist 1970/71 gestorben. Es war schon längst untergegangen, aber was in den Wünschen und Herzen der Menschen lebt, ist nicht tot. Seit eine frei gewählte deutsche Regierung Deutschlands Ostgrenzen und den zweiten deutschen Staat anerkannt hat, ist alle Luft aus den Illusionen heraus. 100 Jahre sollst du leben! Das Bismarck-Reich erst als Realität, dann als Reise in die Vergangenheit, dann als Illusion ist genau 100 Jahre alt geworden. Im Jahre 1970 ist es dahingeschieden.»

Das, was Bracher und Augstein stellvertretend für viele andere offen aussprachen, war auch der Tenor der wenigen offiziellen Stellungnahmen der Bundesregierung. Am 16. Dezember 1970 eröffnete Bundespräsident Gustav Heinemann in der Frankfurter Paulskirche eine Ausstellung über die Geschichte des Reichstages, nicht des deutschen Nationalstaates. Auch wenn er die Wahl des ersten Reichstags im März 1871 als Beginn des langen Weges zur Demokratie hervorhob, ließ er keinen Zweifel, dass er die Reichsgründung kritisch beurteilte: «Ein Reich, das in seinen Grenzen durch die vorangegangenen Kriege von 1864, 1866 und 1870/71 zustande kam, war allzusehr auf militärische Macht gegründet. Es entstand im Vertrauen des Siegers auf andauernde militärische Überlegenheit. Das hat sich als Fehlrechnung erwiesen. Was auf militärische Macht gegründet ist, kann durch sie auch geändert oder zerstört werden.»

Diese kritische Distanz zum Bismarck'schen Nationalstaat bestimmte auch den Tenor der Rede des Bundespräsidenten am Vorabend des 18. Januar 1971. In einer Fernsehansprache an die Nation erinnerte er an die Irrwege der deutschen Geschichte seit 1871, die Zerklüftung der Gesellschaft und den Größenwahn: «Für Generationen ist dieser Tag ein Höhepunkt ihres Geschichtsbewusstseins gewesen. Uns ist aber heute nicht nach einer Hundertjahrfeier zumute», erklärte er gleich zu Beginn. Allen Nationalisten, die im Zuge der schmerzhaften Debatten über die Ostverträge von der Revision von Grenzen, der Wiederherstellung eines Reiches in den Grenzen von 1937 träumten, schrieb er ins Stammbuch: «Hundert Jahre Deutsches Reich – dies heißt eben nicht einmal Versailles, sondern zweimal Versailles, 1871 und 1919, und dies heißt auch Auschwitz, Stalingrad und bedingungslose Kapitulation 1945.» Auch wenn der Bundespräsident die Idee der Wiedergewinnung nationalstaatlicher Einheit betonte, sah er die Zukunft doch eher in einer «gesamteuropäische[n] Grundordnung, in der Staaten und Völker auch bei unterschiedlicher innerer Gestaltung nicht nur nebeneinander bestehen, sondern Krieg und Gewalt gegeneinander ausschließen und sich miteinander zur Erfüllung gemeinsamer Sachaufgaben verbinden – wie etwa Verkehr, Umweltgestaltung, Forschung, Entwicklungshilfe.» Viel wichtiger war ihm jedoch eine andere Lehre aus 1871: «Das sind die im Grundgesetz festgelegten Freiheitsrechte aller Bürger. Im Grundgesetz haben wir uns entschieden für Grundrechte wie Gewissensfreiheit, Redefreiheit, Versammlungsfreiheit, Freizügigkeit. Um all dieses ist in unserer Geschichte gekämpft und gelitten worden. All dieses gilt es zu bewahren, immer besser zu verwirklichen und mit sozialer Gerechtigkeit zu verbinden, muss unsere gemeinsame Aufgabe sein.»

Die kritische Sicht von Bundespräsident und Bundesregierung, linken und liberalen Historikern und Publizisten auf einhundert Jahre deutsche Geschichte teilten jedoch keineswegs alle. Die Kritik an der Adenauer'schen Republik empfanden viele Konservative als fundamentalen Angriff auf die von ihnen vertretenen Werte und Überzeugungen, aber auch auf ihre Leistungen beim Wiederaufbau eines neuen Staates im Westen. Viel entscheidender war aus ihrer Sicht aber der offenkundige Verzicht auf die Wiederherstellung eines Nationalstaates in den Grenzen von 1937 aufgrund der Schrecken und Verbrechen, für die dieser verantwortlich gewesen sei. Diesen Anspruch hatten die bisherigen CDU/CSU-geführten Bundesregierungen nie aufgegeben. Dementsprechend harsch fielen die Reaktionen aus. So reiste der Vorsitzende der CDU und Vorgänger Brandts, Kurt Georg Kiesinger, zum Jahrestag der Reichsgründung nach Friedrichsruh, Bismarcks letztem Wohnsitz. Neben Vertretern des rechten Spektrums wie der «Aktion Oder-Neiße» legte er zusammen mit anderen hohen CDU-Politikern am Grab des «Reichsgründers» einen Kranz nieder. Man dürfe die Vergangenheit zwar nicht glorifizieren, aber auch nicht total verwerfen. Vor allem aber, und dies war gegen die Bundesregierung gerichtet, dürfe man «geschehenes Unrecht nicht hinnehmen». Im Vergleich zu anderen CDU-Politikern waren dies noch maßvolle Worte. Andere sprachen offen aus, was sie von der Weigerung der sozialliberalen Koalition hielten, diesen Tag feierlich zu begehen: In ihren Augen war die «Liquidation» des Reiches, die mit der Ostpolitik vorgenommen wurde, nichts anderes als eine späte und perfide Rache der Sozialdemokraten an Bismarck. Einmal mehr, so der offene Vorwurf, bestätigten sie damit, dass sie seit jeher «Reichsfeinde» und «vaterlandslose Gesellen» gewesen seien. Erst die krachende Niederlage der Union bei den vorgezogenen Bundestagswahlen 1972 sollte deutlich machen, dass die Mehrheit der Bevölkerung diese Entwicklung anders beurteilte.

Und der andere Teil Deutschlands? Dort nahm die DDR-Führung den Jahrestag zum Anlass, um sich im Rahmen einer großen Parade von 150000 Werktätigen, die an den 52. Jahrestag der Ermordung von Karl Liebknecht und Rosa Luxemburg am 15. Januar 1919 erinnerte, am 17. Januar in eine andere Tradition zu stellen. Mit Inbrunst prangerte der Chefideologe der SED, Albert Norden, einmal mehr die Übel und Verbrechen von Neofaschisten, Imperialisten und rechten SPD-Führern in Vergangenheit und Gegenwart an, um dann den Bruch der DDR mit der Vergangenheit herauszustellen: «Das im Blut seiner eigenen Verbrechen erstickte Reich wird nie mehr auferstehen. Aber hier in Berlin, wo der deutsche Imperialismus seine Untaten gegen das eigene Volk und die Völker der Welt ausbrütete, hier hat die Arbeiterklasse den sozialistischen deutschen Staat errichtet und sich zur sozialistischen Nation konstituiert», hieß es programmatisch.

Nordens Hoffnungen sollten sich nicht erfüllen. Anders als von ihm behauptet, sahen die Bürger der DDR ihre Zukunft nicht in dem von ihm gepriesenen Arbeiter- und Bauernstaat. In einer Friedlichen Revolution fegten sie diesen hinweg; im Oktober 1990 gab es anstelle von zwei Staaten wieder einen deutschen Nationalstaat in der Mitte Europas, wenngleich nur noch in den Grenzen von 1945. Versuchen von rechts, die Oder-Neiße-Frage wieder auf die Tagesordnung zu setzen, erteilte die Bundesregierung allein schon mit Blick auf die europäischen Nachbarn eine eindeutige Absage. Diese, vor allem Frankreich und Großbritannien, betrachteten die Wiedervereinigung, wie 1870/71 die Reichsgründung, nicht ohne Sorge. Alte Ängste vor einer starken Macht in der Mitte Europas wurden ungeachtet des Verlusts der Ostgebiete und der erfolgreichen Einbindung der «alten» Bundesrepublik in die westliche Welt wieder wach. Der Ausweg war die stärkere Integration Europas, so wie von Bundespräsident Heinemann 1971 vorgezeichnet. Und so wie Bismarck nach 1871 immer wieder betont hatte, dass das Reich «saturiert» sei, betonte Bundeskanzler Helmut Kohl am Tag der Wiedervereinigung: «Wir Deutschen haben aus der Geschichte gelernt. Wir sind ein friedens-, wir sind ein freiheitsliebendes Volk, und nie werden wir unsere Demokratie den Feinden des

Friedens und der Freiheit schutzlos ausliefern. Für uns gehören Vaterlandsliebe, Freiheitsliebe und der Geist guter Nachbarschaft immer zusammen. Wir wollen zuverlässige Partner, wir wollen gute Freunde sein. Dabei gibt es für uns auf der Welt nur einen Platz: an der Seite der freien Völker.»

Vor diesem Hintergrund war es nur folgerichtig, dass sich das Verhältnis zum «Reichsgründer», Otto von Bismarck, entkrampfte. Auch wenn manche ihn weiterhin für den «Dämon der Deutschen» (Johannes Willms) hielten, sah ihn die Mehrheit ungeachtet aller Schwächen zu Recht bald in einem milderen Licht. So rückständig wie oft behauptet war das Kaiserreich, so das Ergebnis von Jahren intensiver vergleichender Forschung, doch nicht. Auch die Diskontinuitäten zwischen Bismarck und Hitler überwogen die unleugbar vorhandenen Kontinuitäten. Am 1. April 2015, 50 Jahre nach dem Gedenkakt aus Anlass des 150. Geburtstages im Bundestag, erinnerte nach Jahrzehnten massiver Kritik am «Reichsgründer» wieder ein Bundespräsident, Joachim Gauck, in einem Festakt an diesen. Zwar legte auch er den Finger auf Bismarcks Schwachstellen – Kulturkampf und Sozialistengesetz –, betonte zugleich aber doch dessen Leistungen: «Bismarcks ‹Revolution von oben›, wie man sein Werk genannt hat, hat damals eine historisch lang wirkende und tiefgreifende Antwort gegeben auf die große Frage der Epoche nach dem Ort und der Gestalt Deutschlands. Wir stehen heute vor ähnlichen großen Fragen. Unsere Antworten werden andere sein. Aber den Mut, sich mit Tatkraft und Optimismus diesen Herausforderungen zu stellen, den können wir von ihm lernen.» Geschichte und Erinnerung, so könnte man schließen, sind ein stetiger Prozess der Forschung und der kritischen Selbstvergewisserung. Jede Generation stellt ihre eigenen Fragen und gibt ihre eigenen Antworten.

9 Betrachtungen

Am 18. Januar 1919, dem 48. Jahrestag der Kaiserproklamation, begannen die Verhandlungen der Alliierten über den Frieden, den das geschlagene Deutsche Reich schließen sollte. In seiner Eröffnungsrede erinnerte der französische Präsident Raymond Poincaré an dieses Ereignis: «Im Unrecht geboren, endete es in Schande». Angesichts der Revolutionswirren in Berlin in diesen Tagen dürften nur wenige Deutsche diese Rede wahrgenommen haben. Dies galt aber nicht für die Ereignisse ein halbes Jahr später. Für die Unterzeichnung des Friedens hatten die Alliierten bewusst jenen Spiegelsaal ausgewählt, in dem 1871 die Kaiserproklamation stattgefunden hatte. Auf ihrem Weg in den Saal musste die deutsche Delegation zunächst durch ein Spalier von Veteranen des Krieges von 1870/71 gehen, die eigens ihre alten Uniformen angezogen hatten, bevor sie dann, an den furchtbar verstümmelten Gesichtern von Opfern des Weltkrieges vorbei, den Gueules cassées, einen kleinen Tisch erreichte, an dem sie unterzeichnen sollte. Auf einem erhöhten großen Podest vor ihnen saßen die Sieger, die diesen Frieden diktierten. Deutlicher ließ sich der Zusammenhang von 1870/71 und 1918/19 kaum herstellen. Nie mehr, so die Absicht, sollte Deutschland in der Lage sein, Europa mit Krieg zu überziehen. Doch es kam anders, und nach einem weiteren, noch viel fürchterlicheren und zudem verbrecherischen Weltkrieg griffen die Alliierten erneut in die preußisch-deutsche Geschichte zurück. Am 25. Februar 1947 lösten sie mit dem Kontrollratsgesetz Nr. 46 Preußen auf mit der Begründung, dieses sei «seit jeher Träger des Militarismus und der Reaktion in Deutschland» gewesen. Also alles falsch, ein fataler historischer Irrtum?

Diese Frage, ob die Reichsgründung von oben und zumal unter preußischer Führung die Ursache aller Katastrophen und Verbrechen des 20. Jahrhunderts gewesen ist, hat Historiker, aber auch viele Zeitgenossen in den verschiedenen Epochen immer wieder beschäftigt. Die Antworten sind, je nach Standpunkt, unterschiedlich ausgefallen. Selbst kritische Historiker wie Hans-Ulrich Wehler haben keine Alternative zur Bismarck'schen Form der Reichsgründung gesehen. Die Alternativen – ein Großdeutschland mit Österreich, eine kleindeutsche, gleichwohl eher staatenbündische als bundesstaatliche Lösung oder auch eine Reform des Deutschen Bundes – erschienen ihnen nicht tragfähig. Ob die erneute Diskussion dieser Frage angesichts des bevorstehenden 150. Jahrestages der Reichsgründung, die manche Historiker angestoßen haben, zu anderen, überzeugenden Interpretationen führen wird, bleibt abzuwarten. Vieles spricht, zumal angesichts der Quellen, dagegen. Denn eines bleibt festzuhalten: Die Mehrheit der Bürger, soweit sie ihren Willen damals öffentlich kundgetan haben, waren dafür und nicht dagegen: «Dass Preußen», so erklärte der «rote» Hermann Becker, ein führender Linksliberaler, 1867, «die Machtstellung gewonnen hat, die es gewonnen hat, das ist ein Glück für Deutschland, und ich hoffe für Europa.» Dass er sich irren sollte, war weder 1866 noch 1871 voraussehbar. Geschichte verläuft nun einmal nicht immer so, wie man es sich wünscht. Sie wird von Menschen gemacht, nichts ist vorbestimmt. Sie haben es immer wieder in der Hand, deren Verlauf zu beeinflussen. Sie müssen diese Chancen nur, so wie Bismarck es im preußischen Interesse getan hat, nutzen. Das gilt für heute ebenso wie für die damalige Zeit.

Literaturhinweise

Die Literatur über diese Epoche ist inzwischen kaum noch zu übersehen.

Sehr gute übergreifende Darstellungen haben Thomas Nipperdey, Deutsche Geschichte 1866–1918, 2 Bde., München 1990–1992, und mit unterschiedlicher, eher sehr kritischer Perspektive Hans-Ulrich Wehler, Deutsche Gesellschaftsgeschichte 1815–1918, München 1987/1995, Heinrich Lutz, Zwischen Habsburg und Preußen. Deutschland 1815–1866, Berlin 1985, und Michael Stürmer, Das ruhelose Reich. Deutschland 1866–1918, Berlin 1983, vorgelegt. Sehr lesenswert auch Volker Ullrich, Die nervöse Großmacht. Aufstieg und Untergang des deutschen Kaiserreichs 1871–1918, Frankfurt a.M. 1997, und Wolfram Siemann, Gesellschaft im Aufbruch. Deutschland 1849–1871, Frankfurt a.M. 1990, sowie ders., Vom Staatenbund zum Nationalstaat. Deutschland 1806–1871, München 1995. Aus österreichischer Perspektive: Helmut Rumpler, Österreichische Geschichte 1804–1914. Eine Chance für Mitteleuropa. Bürgerliche Emanzipation und Staatsverfall in der Habsburgermonarchie, Wien 1997.

Informative Überblicke zu den wichtigsten Aspekten der Epoche bieten Wolf D. Gruner, Der Deutsche Bund. 1815–1866, München 2012, und vorzüglich Christoph Nonn, Das Deutsche Kaiserreich. Von der Gründung bis zum Untergang, München 2017. Im Hinblick auf die Außenpolitik weiterhin unübertroffen die epochenübergreifende Darstellung von Klaus Hildebrand, Das vergangene Reich. Deutsche Außenpolitik von Bismarck bis Hitler, Stuttgart 1995, sowie Konrad Canis, Bismarcks Außenpolitik 1870–1890. Aufstieg und Gefährdung, Paderborn 2004; ders., Die bedrängte Großmacht. Österreich-Ungarn und das europäische Mächtesystem 1866/67–1914, Paderborn 2016.

Für Studierende: Jürgen Angelow, Der Deutsche Bund, Darmstadt 2003, und Ewald Frie, Das deutsche Kaiserreich, 2. erw. Aufl., Darmstadt 2013.

Übergreifend: Birgit Aschmann, Preußens Ruhm und Deutschlands Ehre. Zum nationalen Ehrdiskurs im Vorfeld der preußisch-französischen Kriege im 19. Jahrhundert, München 2013, sowie Ulrich Lappenküper, Bismarck und Frankreich 1815 bis 1898. Chancen zur Bildung einer «ganz unwiderstehlichen Macht»?, Paderborn 2019 (beide sehr materialreich).

Gute Quellensammlungen: Christian Jansen, Nach der Revolution 1848/49. Verfolgung – Realpolitik – Nationsbildung. Politische Briefe deutscher Liberaler und Demokraten aus den Jahren 1849–1861, Düsseldorf 2004; Ernst Deuerlein, Die Gründung des Deutschen Reiches 1870/71 in Augenzeugenberichten, Düsseldorf 1971; Helmut Böhme, Die Reichsgründung, München 1967; Wolfgang Hardtwig, Helmut Hinze (Hrsg.): Deutsche Geschichte in Quellen und Darstellungen. Band 7: Vom Deutschen Bund zum Kaiserreich. 1815–1871, Stuttgart 1997.

Ungeheuer materialreich aus zeitgenössischer Perspektive: Joseph Kürschner (Hrsg.), Der große Krieg 1870–71 in Zeitberichten, Leipzig o.J. (1895); Julius v. Gosen/Georg Hirth, Tagebuch des Deutsch-Französischen Krieges 1870. Eine Sammlung der wichtigeren Quellen. Dem siegreich heimkehrenden deutschen Heere und seinen Führern gewidmet, 3 Bde., Berlin 1870–74. Aus sozialistischer Perspektive mit klugen Beschreibungen und Analysen: Friedrich Engels, Der Deutsch-Französische Krieg 1870/71. Gesamtdarstellung der politischen und militärischen Ereignisse der Jahre 1870/71, Berlin (Ost) 1957.

Zahlreiche biografische Studien bieten ebenfalls sehr gute Einblicke in die Zeit und das Handeln der wichtigsten Protagonisten, allen voran Otto v. Bismarcks. Aus der großen Fülle der Bismarck-Biografien ragen heraus: Lothar Gall, Bismarck. Der weiße Revolutionär, Frankfurt a.M. 1980; Eberhard Kolb, Otto von Bismarck. Eine Biographie, München 2014; erfrischend: Christoph Nonn, Bismarck. Ein Preuße und sein Jahrhundert, München 2015; Otto Pflanze, Bismarck, 2 Bde., München 1997/98, sowie materialreich, wenngleich aus DDR-Perspektive, Ernst Engelberg, Bismarck, 2 Bde., Berlin (Ost) 1985/1990. Immer noch sehr lesenswert: Eberhard Kessel, Moltke, Stuttgart 1957; Christoph Kopper, Ludwig Bamberger. Vom Revolutionär zum Vater der Goldmark, Berlin 2015; Brigitte Seebacher-Brandt, Bebel. Künder und Kärrner im Kaiserreich, Berlin 1988.

Zu den Parteien: Zur Arbeiterbewegung: Gerhard A. Ritter/Klaus Tenfelde, Arbeiter im deutschen Kaiserreich, Bonn 1992. Zu den Liberalen und zur Nationalbewegung: einschlägig und innovativ Andreas Biefang, Politisches Bürgertum in Deutschland. Nationale Organisationen und Eliten 1857–1868, Düsseldorf 1994; zu den Liberalen: Christian Jansen, Einheit, Macht und Freiheit. Die Paulskirchenlinke und die deutsche Politik in der nachrevolutionären Epoche (1849–1867), Düsseldorf 1999; Dieter Langewiesche, Liberalismus in Deutschland, Frankfurt a.M. 1988. Zur SPD: Bernd Faulenbach, Geschichte der SPD. Von den Anfängen bis zur Gegenwart, München 2012. Zu den Konservativen: Volker Stalmann, Die Partei Bismarcks. Die Deutsche Reichs- und Freikonservative Partei 1866–1890, Düsseldorf 2000. Zum Zentrum: Wilfried Loth, Die Zentrumspartei in der Krise des Kaiserreichs, Düsseldorf 1984.

Zum Reichstag: Andreas Biefang, Die andere Seite der Macht. Parlament und Öffentlichkeit im «System Bismarck» 1871–1890, Düsseldorf 2009.

Zum Norddeutschen Bund: Klaus Erich Pollmann, Parlamentarismus im Norddeutschen Bund 1867–1870, Düsseldorf 1985; Ulrich Lappenküper, Ulf Morgenstern, Maik Ohnezeit (Hrsg.), Auftakt zum deutschen Nationalstaat: Der Norddeutsche Bund 1867–1871, Friedrichsruh 2017.

Zu den süddeutschen Staaten: Jens Peter Kutz, Vom Bruderkrieg zum «casus foederis». Die Schutz- und Trutzbündnisse zwischen den süddeutschen Staaten und Preußen (1866–1870), Frankfurt a.M. 2007; Ernst Marquardt, Geschichte Württembergs, Tübingen 1983; Hans Fenske, Baden 1860 bis 1918, Stuttgart 1992; Andreas Kraus, Geschichte Bayerns von den Anfängen bis zur Gegenwart, 3. Aufl., München 2004; Rolf Wilhelm, Das Verhältnis der süddeutschen Staaten zum Norddeutschen Bund (1867–1870), Husum 1978.

Zum Deutsch-Französischen Krieg: Zur Vorgeschichte: Josef Becker (Hrsg.), Bismarcks spanische «Diversion» 1870 und der preußisch-deutsche Reichsgründungskrieg. Quellen zur Vor- und Nachgeschichte der Hohenzollernkandidatur für den Thron in Madrid 1866–1932, 3 Bde., Paderborn 2003–2007 (viele Quellen, in der Argumentation aber nicht überzeugend). Sehr gut lesbar Tobias Arand, 1870/71. Die Geschichte des Deutsch-Französischen Krieges erzählt in Einzelschicksalen, 2. Aufl., Hamburg 2019; zum Problem des Friedenschließens unübertroffen: Eberhard Kolb, Der Weg aus dem Krieg. Bismarcks Politik im Krieg und die Friedensanbahnung 1870/71, München 1990; zur Rezeption: Frank Becker, Bilder von Krieg und Nation. Die Einigungskriege in der bürgerlichen Öffentlichkeit Deutschlands 1864–1913, München 2013; Wolfgang v. Groote/Ursula v. Gersdorff, Entscheidung 1870. Der Deutsch-Französische Krieg, Stuttgart 1970, mit zahlreichen Beiträgen aus deutscher und französischer Perspektive. Sehr gut auch: Jan Ganschow, Olaf Haselhorst, Maik Ohnezeit (Hrsg.), Der Deutsch-Französische Krieg 1870/71. Vorgeschichte, Verlauf, Folgen, 2. Aufl., Graz 2019; Klaus-Jürgen Bremm, 70/71. Preußens Triumph über das Kaiserreich Frankreich und seine Folgen, Darmstadt 2019; Gerd Fesser, Sedan 1870: Ein unheilvoller Sieg, Paderborn 2019. Zeitgenössisch sehr farbig und quellenreich: Theodor Fontane, Der Krieg gegen Frankreich, 4 Bde., Berlin 1873–76 (ND: Zürich 1985).

Zur viel zu wenig beachteten Lage an der Heimatfront: Alexander Seyferth, Die Heimatfront 1870/71. Wirtschaft und Gesellschaft im deutsch-französischen Krieg, Paderborn 2007 (sehr informativ mit vielen neuen Aspekten).

Aus französischer Perspektive: France, Allemagne(s) 1870–71. La Guerre, la Commune, les Mémoires, Paris 2017 (Begleitband zur gleichnamigen Ausstellung im Musée de l'Armée in Paris).

Kurze, die Forschung bilanzierende und zugleich weiterführende Beiträge enthalten die Sammelbände, die zu diesem Themenkomplex in den vergangenen Jahren in der Schriftenreihe der Otto-von-Bismarck-Stiftung erschienen sind: zu nennen sind hier: Winfried Heinemann, Lothar Höbelt, Ulrich Lappenküper, Der preußisch-österreichische Krieg 1866, Paderborn 2018, sowie Oliver Auge, Ulrich Lappenküper, Ulf Morgenstern, Der Wiener Frieden 1864. Ein deutsches, europäisches und globales Ereignis, Paderborn 2016. Auch die Historischen Mitteilungen der Ranke-Gesellschaft Bd. 30 (2018) enthalten zahlreiche Beiträge zum Komplex Reichsgründung.

Personenregister

Ortsregister